Mein Sprung in ein neues Leben

Kira Grünberg:
Mein Sprung in ein neues Leben

Cover: JaeHee Lee
Gestaltung: Sophie Gudenus

Gesetzt in der *Premiera*
Gedruckt in Europa

1 2 3 4 5 — 19 18 17 16

ISBN 978-3-99001-175-1

# KIRA GRÜNBERG
Manfred Behr

# Mein Sprung
# in ein neues Leben

edition a

# Inhalt

# Vorwort

von Robert Harting

Als mich die Horrormeldung von Kira Grünbergs Unfall erreichte, saß der Schock tief. Auch wenn ich sie zu diesem Zeitpunkt nicht persönlich kannte, ihr Name war mir ein Begriff. Stabhochspringerin, jung, aufstrebend, mit viel Potenzial. Eines der wenigen österreichischen Talente von internationalem Format.

Ich versuchte mir vorzustellen, was ein derartiger Schicksalsschlag für diese junge Athletin bedeutete. Was er für mich selbst bedeuten würde. Eingeschränkte Lebensqualität, völlig andere Prioritäten, ein Leben, das von Grund auf neu strukturiert und organisiert werden muss. Die gesamte Tragweite einer solchen Verlustsituation kann man trotzdem nur schwer erfassen, wenn man nicht direkt betroffen ist.

Ein wenig verunsichert war ich schon, als ich am 27. August 2015 im Rehazentrum Bad Häring vor der Tür von Zimmer 207 stand. Ich hatte keine Sekunde gezögert, Kiras Wunsch nach einem persönlichen Kennenlernen nachzukommen. Aber was würde mich erwarten, vier Wochen nach diesem Unfall? Ich kannte die Pressemeldungen, die kämpferischen Statements. Aber das konnte auch geschönt, für die Öffentlichkeit zurechtgebogen worden sein. Kiras Manager, der mich vom Flughafen abgeholt hatte, dürfte meine Nervosität gespürt haben. „Keine Sorge, Kira fängt dich auf."

Kurz darauf saß ich ihr gegenüber. Sie lag in ihrem Bett, hübsch zurechtgemacht, gut gelaunt. Und fing mich tatsächlich von der ersten Sekunde an auf. Ohne viele Worte, einfach mit ihrer Ausgeglichenheit, ihrer Natürlichkeit. Meine anfängliche Unsicherheit wich schnell der Überzeugung, dass sich hier zwei getroffen hatten, die auf einer Wellenlänge waren. Wir brauchten keine Aufwärmphase, wussten, wovon der jeweils andere sprach, wenn wir über Hindernisse diskutierten, mit denen wir in unserer Karriere konfrontiert gewesen waren, über Sportinstitutionen und ihre Defizite, über Sportfunktionäre und ihre Selbstherrlichkeit. Und es dauerte nicht lange, um zu erkennen, dass zwischen Kira und ihre Außendarstellung kein Blatt Papier passte. Authentischer ging gar nicht.

Je länger ich mich mit ihr austauschte, desto bewusster wurde mir, dass Kira und ich offenbar sehr ähnlich tickten. Gerade was das Verarbeiten von Rückschlägen, was das Wegstecken von Verletzungen anbelangte. Nun lassen sich ihr Wirbelbruch samt Rückenmarksquetschung und mein im September 2014 erlittener Kreuzbandriss in ihrer medizinischen Dimension überhaupt nicht vergleichen. Das psychologische Momentum vielleicht schon eher. Wie viele andere bin auch ich damals auf dem Boden gelegen, hielt mir das Knie und schrie wie ein Irrer. Aber nach 30 Sekunden brachte ich die mentale Energie auf, zu sagen: „Es ist jetzt so, aber es wird nicht das Ende sein. Du kriegst das wieder hin." Ich denke, auch Kira gelang es zu einem sehr frühen Zeitpunkt, die Bedrohung in eine Herausforderung zu verwandeln. Davon bin ich überzeugt – so reflektiert, durchdacht und professionell, wie sie über ihr Schicksal spricht .

Schwere Verletzungen haben immer etwas mit Identitätsverlust zu tun. Wenn sich die Amplitude der Gefühle eingependelt hat, beginnt die Suche nach dem neuen Ich, während das alte darum kämpft, die frühere Identität aufrechtzuerhalten. Ich habe es so erlebt, als würde ich im Meer schwimmen, den Strand aber nie erreichen. Meine Entscheidungsfähigkeit war völlig abhandengekommen. Heute steht für mich außer Frage: Du kommst nach einer Verletzung nie als der Alte zurück, du bist immer jemand Neuer. Wer du sein wirst, bestimmst aber du selbst.

Kira hat diese Entscheidung längst getroffen. Sie ist nicht die „Querschnittsgelähmte", nicht die „Sportlerin mit dem schlimmen Unfall", mit der man Mitleid haben muss. Sie ist das Vorbild, das ihr Schicksal annimmt und aus den Fragmenten ihres früheren Daseins ein neues, tolles Leben bastelt. Das ist, wofür sie die Menschen zu Recht bewundern. Ich traue ihr zu, ein Role Model für all jene zu werden, die sich einer Bedrohung dieser Art ausgesetzt sehen. Weil sie in überzeugender Manier demonstriert, wie man sich dieser Bedrohung stellt und sie zu beherrschen lernt. Nach dem Motto: „Das ist mein Schicksal. Und jetzt passt mal auf, was ich daraus mache." Auch wenn das nach außen mühelos aussieht – es bleibt ein beeindruckender mentaler Kraftakt.

Ich empfand unser Treffen als außerordentlich inspirierend. Auch das Zusammentreffen mit ihrer Familie. Man spürte dieses perfekte Teamwork mit klar verteilten Rollen und Aufgaben, mit einem klar vorgegebenen Ziel: Kira ein selbstständiges, selbstbestimmtes Leben zu ermöglichen.

Ich werde Kiras Weg immer im Auge behalten, mich bei jedem ihrer kleinen und größeren Siege mitfreuen und hoffe, dass viele, die gefährdet sind, sich ihrem Schicksal zu ergeben, ihrem leuchtenden Vorbild folgen. #staystrongkira

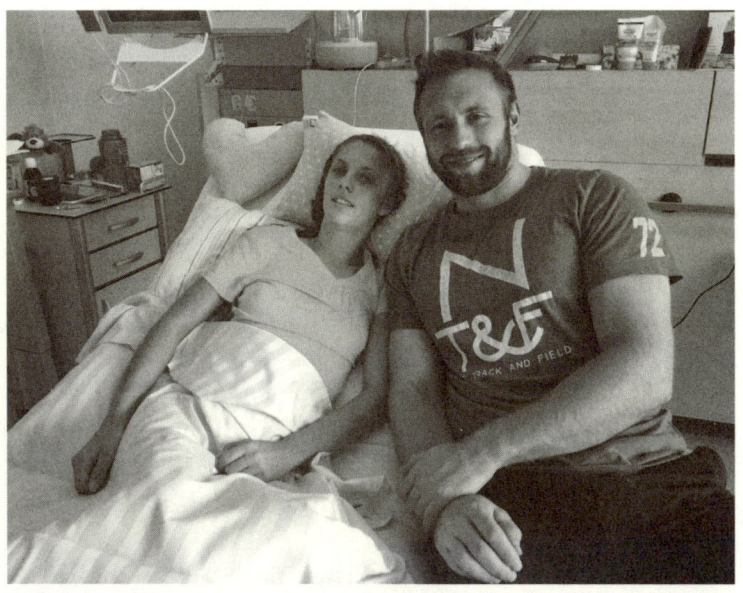

Robert Harting, geboren am 18.10.1984, ist Olympiasieger, dreifacher Welt- und zweifacher Europameister im Diskuswerfen. Seine Bestleistung liegt bei 70,66 Metern. Nach einem Kreuzbandriss feierte der deutsche „Sportler des Jahres" 2012–2014 im Februar 2016 ein Comeback.

# War's das?

Hinter der Tür wartet das große, schwarze Loch. Bedrückend und ein wenig bedrohlich. Stickig heiß im Sommer, kalt und zugig im Winter. Heimstätte für Spinnen und anderes Getier. Kein Ort, an dem man länger als unbedingt nötig verweilen möchte. Aber so sind alte Dachböden nun mal. Auf unserem lehnen, unter all dem Gerümpel, von dem niemand so genau zu sagen vermag, warum es hier und nicht auf irgendeiner Mülldeponie vor sich hin gammelt, in einer dunklen Ecke zwei Krücken. Wir nennen sie ehrfurchtsvoll „die Familienkrücken".

Meine Mutter Karin ist als Erste mit ihnen durch die Gegend gehumpelt. Vor gut und gern zwölf Jahren, nachdem sich ihre Achillessehne beim Sprinttraining mit einem lauten Schnalzer verabschiedet hatte. Seither mussten die Gehbehelfe für meinen Opa (Knieersatzgelenk) und meine Schwester Brit herhalten. Ab 15. Juli 2015 war schließlich ich für vier Tage die Nutznießerin. Weil mich, so wie Brit bereits dreimal, ein lädiertes Außenband im oberen Sprunggelenk zur Schonung nötigte.

Das Malheur war bei der Hürdengymnastik passiert, eine Übungsfolge, bei der man die Hindernisse eng aneinanderreiht und sie mit raumgreifenden Schritten aus dem Stand überwindet. Der Schmerz, als ich mit der Außenkante des rechten Fußes über die Hürde rollte, verhieß nichts Gutes. Zumal auch das Eintauchen in einen Kübel mit kaltem Wasser keine Linderung brachte. Ich war auf die Diagnose „Bänderriss" gefasst, als ich in der Praxis von Dr. Christian Hoser, meinem langjährigen medizinischen Begleiter, Freund der Familie und sogar zeitweiligen Trainingspartner (der Masters-Mehrkämpfer überwindet mit dem Stab Höhen von vier Metern!) vorstellig wurde. Ein Röntgenbild und eine Ultraschalluntersuchung später war es ärgerliche Gewissheit: Ligamentum fibulotalare anterius gerissen, Ligamentum fibulolcalcaneare eingerissen. Klingt unheilvoll, war es auch.

Von der Leichtathletik-WM im Olympiastadion von Peking trennten mich nur noch sechs, vom Limitschluss nur mehr vier Wochen. Anspruchsvolle 4,50 Meter hatte der Internationale Leichtathletikverband IAAF als Richtmarke festgesetzt, fünf Zentimeter über meiner Anfang März in Prag erzielten Bestleistung. Das versetzte mich keineswegs in Panik. Ich hatte die Leistungen der internationalen Konkurrenz stets im Auge behalten, war mir sicher, dass man am Ende auf mich als erste oder zweite Nachrückerin zurückgreifen würde, um das angepeilte Feld von 30 Athleten aufzufüllen. Ich aber wollte mich aus eigener Kraft qualifizieren und das idente Olympialimit gleich mit abhaken.

Also switchte ich noch am gleichen Tag in den Therapiemodus, ließ mir von Dr. Hoser eine Schiene verpassen – eine kleinere für untertags, eine größere für die Nachtlagerung – und wählte die Nummer des Physiotherapeuten meines Vertrauens. Klaus Ullmann hatte meine müden Knochen, Muskeln und Sehnen noch jedes Mal auf Vordermann gebracht, und das von meinem 14. Lebensjahr an. Er ließ mich auch diesmal nicht hängen, beorderte mich zwecks Akutbehandlung an dem gleichen Abend zu einem Gasthof in Rum, wo er einen Teil des Skisprung-Nationalteams um sich geschart hatte. Die Lymphdrainagen an diesem und dem nächsten Tag sorgten dafür, dass die Schwellung keine allzu imposanten Ausmaße annahm.

Den Rest besorgten die Sporttherapie Huber in Rum, die sich des Stabilisationstrainings annahm – und ich. Bei jeder Gelegenheit lagerte ich die Beine hoch, pappte Topfen auf die schmerzenden Körperstellen, schmierte Salben drauf, legte Verbände an. Und veranlasste meinen Vater Frithjof, unseren 5,5 mal 2,5 m kleinen Pool mit Wasser zu befüllen. Für meine nächste Therapieeinheit: Aquapaddling, auf der Luftmatratze liegend, während mir die Sonne auf den Rücken schien. So eine Zwangspause hatte zweifellos auch ihre guten Seiten. Zumal sich ihr Ende früher ankündigte als befürchtet. Vielleicht lag es an den netten Genesungswünschen, die mir das österreichische Team von der Leichtathletik-U20-EM im schwedischen Eskilstuna übermittelt hatte. Die Botschaft blieb für zwei Wochen der letzte Eintrag in meiner Facebook-Aktivitätenliste. Und sie war nicht schlecht gewählt:ihrer zeitlosen Aktualität wegen.

An diesem 18. Juli, drei Tage nach dem Bänderriss, entledigte ich mich der „Familienkrücken", ließ sie vorsichtshalber aber noch nicht in dem schwarzen Loch hinter der Dachbodentür verschwinden. Meinem Manager Tom Herzog schickte ich als Beweis meiner zurückkehrenden Fitness ein Selfie-Video, das meine Füße zeigte, wie sie sich ohne jede Unsicherheit, ohne jedes Wackeln Schritt für Schritt vorwärts bewegten. Mussten sie auch, denn ein paar Stunden später waren sie einer beachtlichen Belastungsprobe ausgesetzt. Wir hatten Papa zum 57er eine Paintball-Session geschenkt, die es einen Tag nach dem Geburtstag einzulösen galt. Dr. Hoser hatte mir für den Spaß grünes Licht gegeben. „Solange du die Schiene trägst und nur robbst, sollte es kein Problem geben." Die Schiene habe ich artig getragen, und gerobbt bin ich auch. Ab und zu zumindest. Und überhaupt: Das Band war ohnehin schon gerissen. Was sollte denn noch Schlimmeres passieren?

Der Zustand des Sprunggelenks verbesserte sich trotzdem stetig, und exakt eine Woche nach dem Fehltritt wagte ich mich wieder in die WUB-Trainingshalle in Innsbruck. Das Krafttraining für den Oberkörper hatte ich ohnehin nie unterbrochen, jetzt aber schreckte ich, geschützt durch eine schnittige Aircast-Schiene, auch vor ersten Trainingssprüngen nicht zurück. Von einem Sprungkasten zwar, aber immerhin. Der ersparte mir die Belastung des Anlaufs, denn die zwei Schritte reichen problemlos, um viele technische Komponenten des Sprunges durchzuspielen. Am übernächsten Tag, dem 24. Juli, war ich noch ein wenig kecker, ließ die Schiene Schiene sein und bestritt das Training lediglich mit einem getapten Sprunggelenk. Auch diese Belastungsprobe verlief zu meiner vollsten Zufriedenheit. Worauf ich einen weiteren Tag später auf den Kasten verzichtete und meinem rekonvaleszenten Bein den Anlauf auf dem Betonboden mit aufgelegten Tartan-Läufern zumutete. Nicht die vollen 16 Schritte, wie ich sie seit dieser Saison zwecks Geschwindigkeitsmaximierung in Wettkämpfen praktizierte, aber zumindest die Hälfte. Und zwei Tage später schon zwei Drittel. Üblicherweise beinhaltete mein Trainingsprogramm nur zwei Stabeinheiten pro Woche, doch nach dem Bänderriss galt es, verlorenes Terrain zurückzuerobern, das richtige Gefühl aufzubauen. Meine Taktik schien zu greifen, die Sprünge fühlten sich jedenfalls richtig vielversprechend an, und so war meine Entscheidung alsbald in Stein gemeißelt. Die Union Leichtathletik Gala am 1. August auf der Linzer Gugl sollte Schauplatz meines Comebacks, im Idealfall meines erfolgreichen Limitversuches sein. Kein schlechter Boden für mich, hatte ich doch dort 2014 den österreichischen Freiluftrekord zwischenzeitlich auf 4,41 Meter geschraubt.

An meiner unmittelbaren Wettkampfvorbereitung hatte ich über viele Jahre herumexperimentiert, bis sich schlussendlich ein ganz simples Timing als für mich am zweckmäßigsten herauskristallisiert hatte: drei Tage vor dem Tag X das letzte Training, rund 24 Stunden davor eine kurze Krafteinheit, um den Muskeltonus und damit die nötige Spritzigkeit für den Ernstfall aufzubauen. So wollte ich es auch diesmal wieder handhaben – bis mir mein Vater per Anruf eröffnete, berufsbedingt einen Tag länger in der Schweiz bleiben zu müssen. Ein unbedeutendes Detail, wäre mir Papa nicht mein ganzes Stabhochsprungleben lang als Coach zur Seite gestanden. Das Abschlusstraining ohne ihn zu bestreiten kam so gar nicht infrage. Es musste also am Morgen des 30. anstatt des 29. Juli über die Bühne gehen. Keine große Affäre, ich war erfahren und selbstsicher genug, um mich von so einer kleinen außerplanmäßigen Änderung nicht ansatzweise aus der Ruhe bringen zu lassen. Wir waren schon viele Male von meinem bevorzugten Timing abgewichen – wetterbedingt zum Beispiel, oder weil wir sehr spät am Wettkampfort angekommen waren, ich aber noch die Stabhochsprunganlage austesten wollte.

Der Tag, der mein Leben so tiefgreifend und nachhaltig verändern sollte, begann denkbar unspektakulär. Wie üblich riss mich mein Wecker um 6.15 Uhr aus einem tiefen, ungestörten Schlaf, in den 55 Minuten bis zum Verlassen des Hauses galt es, die Trainingstasche zu packen, Morgentoilette, Frühstück (wie so oft Hirse mit Obst und Nüssen) und einen kurzen Check, was der befreundete Teil der Welt über Nacht so alles auf Facebook abgesondert hatte, unterzubringen. Mein erster Weg führte mich zum mittlerweile sechsten Mal seit dem Außenbandriss zur Sporttherapie Huber, wo die für mich zuständige Physiotherapeutin bereits in den Startlöchern scharrte. Auf dem Weg zu ihr hatte ich mich bei meiner Dienststelle, dem Heeres-Leistungssportzentrum 06, gemeldet. Vizeleutnant Walter Hechenberger, der Kommandant des HLSZ in Innsbruck, schätzte es über alle Maßen, die zu genehmigende telefonische Standeskontrolle zwischen 7.45 und 8.00 Uhr entgegenzunehmen.

Als ich das Therapiezentrum in Rum Richtung Innsbruck verließ, kündigte sich ein eher unfreundlicher, windiger Julitag an, der kälteste in diesem Jahrhundertsommer 2015. Eine undurchdringliche Wolkenschicht hing schwer über dem Inntal, kein Wunder, dass sich auch die Temperatur nicht aus der Reserve locken ließ. Nicht einmal über die 15-Grad-Grenze. Früher hätte ich mich auf eine erfrischende Trainingseinheit auf dem Sport-Campus der Universität Innsbruck einstellen müssen, doch seit 2013 stand uns Leichtathleten mit der WUB-Halle (auf dem Areal der früheren Wagnerschen Universitäts-Druckerei) eine provisorische, aber durchaus passable Indoor-Homebase zur Verfügung, die 2016 durch einen Neubau ersetzt wurde. Ich nützte die Möglichkeit weidlich aus, nicht nur bei Schlechtwetter. Die Halle steigerte signifikant die Trainingseffizienz. Keine abgebrochenen Sprungversuche wegen plötzlich auftretender Windböen, keine Ablenkung, kein aufwendiges Hin- und Hertransportieren des 20 Kilo schweren Trainingsequipments, zu dem auch mehrere der rund zwei Kilo schweren Stäbe gehörten. All das hatte ich in der Halle jederzeit griffbereit.

Als ich um 9.15 Uhr eintraf, herrschte in der Trainings-stätte erwartungsgemäß keinerlei Betrieb. Die Sportkollegen fanden sich zumeist erst nachmittags und abends ein, viele hatten ihre Wettkampfsaison ohnedies schon beendet, andere befanden sich bereits auf Urlaub. Störte mich nicht im Ge-ringsten, ich fühlte mich fit, war motiviert, freute mich auf das Training und einen Nachmittag ohne jegliche Termine und Verpflichtungen. Fernsehen, Candy Crush auf dem Han-dy spielen, Müßiggang, die Batterien aufladen – so und nicht anders wäre der Tag vor der Abreise nach Linz in weiterer Fol-ge verlaufen. Ich begann mit meinem Aufwärmprogramm: Dehnen, Laufübungen, Lauf-ABC. Letzteres beinhaltete un-ter anderem koordinative Übungen, seitliches Übersteigen, Skipping und Hopserläufe. Während des Warm-ups trudelten meine Eltern ein. Auch meine Mutter hatte längst einen fixen Part innerhalb des Teams eingenommen. Sie war während der Trainings für das Videomanagement zuständig, zeichnete jeden meiner Sprünge auf. Als Hilfestellung für unmittelbare Korrekturen und als Instrument profunder Analysen in der Nachbereitung. Papa wiederum konzentrierte sich zur Gän-ze auf die Trainingsgestaltung und die Ausführung meiner Versuche.

Am Beginn jeder Einheit stand ein Austausch hinsicht-lich der abzuarbeitenden Trainingsinhalte. Papa hatte mich zu einer mündigen Athletin erzogen, die viel hinterfragte, die den Nutzen dieses oder jenes Elementes begreifen wollte. Und die auch mal zu diskutieren anfing, wenn ihr der tiefe-re Sinn dieser oder jener Übung verborgen blieb. An diesem 30. Juli gab es nichts zu diskutieren. Im Fokus stand, mich an die Wettkampfsprünge heranzutasten, ein positives Gefühl abzuspeichern, mich optimal vorzubereiten. Der Schlüssel dazu: ein paar gelungene Vorübungen. Ich begann mit vier Schritten Anlauf, verwendete dafür einen starren Stab, an dem man nach dem Absprung mehr oder minder nur dranhängt, landete wie geplant einmal auf den Füßen, einmal im Sitzen, einmal auf dem Rücken und einmal auf dem Bauch. Alles im grünen Bereich, keine Wiederholungen nötig. In der Folge war ausgemacht, nach jeweils zwei gut gelungenen Versuchen die Anlauflänge um vier Schritte zu erhöhen. Beginnend mit acht, dann zwölf, bis zu meiner damals maximalen Schrittzahl von 16.

Ich wählte einen weichen Stab, der sich auch mit nur acht Schritten vortrefflich biegen lässt, begann mit der Vorbereitung auf den Sprung, sprühte ein wenig Klebeharz auf die Hände, um mehr Grip zu erhalten, und richtete mir das Schweißband am linken Handgelenk, um die obligatorischen blauen Flecken zu vermeiden. Dann setzte ich mich in Bewegung. Ein letztes Mal.

Gleichzeitig drückte Mama die „Record"-Taste der Videokamera. Es war exakt 9.40 Uhr. Aufnahme lief. Etwa 15 Sekunden lang. Cut.

Ich habe das Unfallvideo mittlerweile sicherlich zehn- oder zwölfmal gesehen. Selten mit Trauer oder Wehmut, viel öfter mit detektivischer Neugier, was um alles in der Welt bei diesem Sprung so derart schiefgelaufen ist. Ohne eine befriedigende Antwort erhalten zu haben. Das Video per se hinterlässt den Betrachter keineswegs schockiert. Zumindest wenn man den Ton ausgeschaltet lässt. Die Schreie, die ich nach dem Überqueren der Schnur in vier Meter Höhe und beim Aufprall auf dem Boden von mir gab, sind nicht jedermanns Sache. Es hört sich an, man möge mir den drastischen Vergleich nachsehen, als ob ein Schwein abgeschlachtet würde.

Zu sehen aber sind nur Anlauf, Absprung, Flugphase – und dass ich nicht dort lande, wo ich hätte landen sollen. Im Einstichkasten nämlich und nicht auf der Matte. Dieser Einstichkasten jedoch ist durch die Seitenteile der Matte verdeckt. Ich verschwinde gewissermaßen spurlos darin. So wie sich meine ganze Sportkarriere, von ein paar nackten Zahlen in den Rekord- und Ergebnislisten abgesehen, in Sekundenbruchteilen in Nichts aufgelöst hat.

Es gibt Möglichkeiten zuhauf, einen Versuch vorzeitig abzubrechen. Indem man den Stab kurz vor dem Absprung wegwirft und durchläuft, wenn sich abzeichnet, dass die Anlauflänge nicht gepasst hat. Indem man nicht aufrollt, sich an den Stab klammert und loslässt, sobald man sich über der Matte befindet, wenn beim Absprung Unvorhergesehenes eintritt. Oder sich, wenn der Sprung weiter fortgeschritten ist, vom Stab in der Luft Richtung Matte abstößt. Ich machte von keiner dieser Optionen Gebrauch. Weil sich der Versuch beim Absprung gut angefühlt hatte. Erst in der Streckphase beschlich mich das Gefühl, dass es dem Sprung an Tiefe fehlen könnte. Aber abbrechen? Ich hatte bestimmt schon 50 Sprünge dieser Art im Laufe meiner Karriere ohne gravierende Blessuren überstanden. Weil man äußerst selten kerzengerade vertikal nach unten fällt, sich daher zumeist auf einen Seitenteil der Matte retten kann.

Gravierender Fehler lässt sich keiner feststellen, das bestätigte mir auch Weltrekordler Renaud Lavillenie, der mich in der Reha in Bad Häring besucht hat. Zumindest keiner, der diese Folgen erklärbar macht. Wenn überhaupt, dann hatten sich mehrere kleine Unzulänglichkeiten summiert. Vielleicht fehlte mir nach dem Bänderriss durch die verpassten Lauftrainings der letzten Tage noch eine Nuance zur gewohnten

Geschwindigkeit, vielleicht hatte ich für diesen Speed um eine Spur zu hoch gegriffen, dem Stab beim Absprung zu wenig Energie gegeben, zu wenig mit den Armen, mit den Schultern gearbeitet. Und dennoch: Ich hatte die Schnur, die man im Training anstelle einer Latte verwendet, überquert, um dann, allen physikalischen Gesetzmäßigkeiten zum Trotz, im Flug die Richtung zu ändern. Als mir über der Schnur bewusst wurde, wohin die Reise gehen würde, war es für Korrekturen längst zu spät. Es schien, als würde mich eine geheimnisvolle Kraft von der Matte wegziehen.

Ein Bewegungsablauf aus dem Lehrbuch endet klarerweise auf dem Stabhochsprungkissen. Als Faustregel gilt: je weicher der Stab, desto weiter weg vom Einstichkasten erfolgt die Landung. Im Extremfall kommen die Fersen in ausgestreckter Rückenlage einen Meter von der Mattenkante entfernt zum Liegen. Bei der Verwendung von harten Stäben können die Beine bereits ab der Kniekehle von der Sprungmatte baumeln. Ich aber verfehlte bei meinem letzten Karrieresprung diese „Landebahn" um 1,2 bis 2,2 Meter. Eine Welt.

Welche „Maßarbeit" andererseits nötig war, in der Absprungzone zu liegen zu kommen, lässt ein Blick auf die Form derselben erahnen. Der 1,2 Meter lange, trapezförmige Einstichkasten aus Metall (wie in der WUB-Halle) oder Hartplastik weist an der dem Anlauf zugewandten Seite eine Breite von 60, an der der Matte zugewandten Seite eine solche von nur mehr 15 Zentimetern auf. Durch die Neigung des Innenlebens von 11,3 Grad findet sich am Ende des Einstichkastens auch der tiefste Punkt, 20 Zentimeter unterhalb der Oberkante. Er leitet den Athleten bzw. den Stab damit gewissermaßen zum idealen Absprungpunkt. Innen- und Außenmaße divergieren wegen der Aufbauten stark. Die Breite beträgt an der Außenkante 84 (Anlaufseite) bzw. 65 Zentimeter (Mattenseite). Mit einem Abstand von rund zehn Zentimetern zu den Seitenteilen der Matte ergibt sich ein an der engsten Stelle etwa 85 Zentimeter breites Loch, in das ich aus vier Meter Höhe zielsicher und krachend hineinstürzte. Nicht kopfüber, wie die ersten Medienberichte signalisierten, sondern, wie bei jedem geglückten Sprung auch, horizontal. Aber so unglücklich, dass ich mit dem fünften Halswirbel auf die vorderste Kante des Einstichkastens prallte, die das Rückenmark auf Höhe des sechsten Halswirbels massiv beschädigte. Die Kräfte, die bei einem Aufschlag auf einer Metallkante aus dieser Höhe frei werden, kann man sich ausmalen. Die Folgen, die eine ebensolche schwere Quetschung oder gar Durchtrennung des Rückenmarks auf Höhe des zweiten Halswirbels, zwei, drei Zentimeter weiter oben, nach sich gezogen hätte, ebenso. Fazit: Game over.

Mein Kopf ragte also über die Absprungvorrichtung hinaus, berührte vermutlich am Scheitel die Matte; Rumpf, Arme und Beine waren, da wo sie reinpassten, im 20 Zentimeter tiefer liegenden Einstichkasten positioniert; alles, was dort keinen Platz fand, ruhte auf den Aufbauten rundherum. Ein riesiger blauer Fleck Höhe der linken Niere zeugte von der Wucht des Aufpralls. In dieser misslichen Lage fanden mich meine Eltern, die von ihrer seitlichen Beobachterposition zur Unglücksstelle gesprintet kamen. Es ist schwer zu rekonstruieren, welche Gedanken in den Momenten nach dem Aufprall durch meinen Kopf rasten, aber ich nahm instinktiv wahr, dass mein Leben nach dem 30. Juli 2015 ein anderes sein würde als davor. Allem voran deuteten die gut spürbaren letzten Nervenzuckungen in meinen Beinen darauf hin. „War's das?", fragte ich meine Eltern, ohne heute zu wissen, was genau ich mit „das" gemeint haben könnte. Die Karriere? Das Leben?

Mein Vater bedeutete mir, mich zunächst einmal gar nicht zu bewegen. Er machte sich daran, Kopf und Rücken zu stabilisieren, mich in eine annähernd horizontale Liegeposition zu bringen. Nachdem seine Kräfte nach ein paar Minuten zu schwinden begonnen hatten, gelang es meiner Mutter, mir Kleidungsstücke unterzuschieben, um meine Schultern zu entlasten, die auf dem harten Metall der Kastenumrandung lagen. Ich bat Mama, mir die Sportschuhe auszuziehen. Irgendwie hatte ich abgespeichert, dass das in solchen Situationen zu tun sei. Obwohl es für mich keinerlei Unterschied machte. „Bewege einmal deine Beine", forderte mich Papa auf. „Bewegst du schon?", frage er kurz darauf, und ich bejahte. „Gut machst du's", lobte er, aber ich sah nur allzu deutlich, dass sich meine Beine überhaupt nicht rührten. Jeder von uns wusste, was das zu bedeuten hatte, und ich artikulierte es auch. „Das kann's doch nicht gewesen sein. Bin ich jetzt gelähmt?" Meine Eltern redeten mir gut zu, und Papa entgegnete: „Sag doch so was nicht. Versuche doch mal, deine Arme zu bewegen!" Ganz allmählich war ein leichtes Heben zu bemerken, das von der Schulter ausging. „Na bitte, die Arme funktionieren ja." Ich konnte seinen Optimismus nicht ganz teilen, hatte ich mir doch vorgenommen, eine Faust zu machen …

In meiner Erinnerung war ich diejenige, die Mama aufforderte, die Rettung anzurufen. Aber in der Hektik fiel uns die korrekte Notrufnummer nicht ein. „Ruf halt 133, irgendwer wird schon abheben", hoffte ich. Wie nicht anders zu erwarten, landete meine Mutter beim Polizeinotruf, der die wichtigsten Daten aufnahm und ihr die Nummer der Rettung mitteilte. Die war bereits informiert, als Mama den Sachverhalt durchgeben wollte, und wies sie nur mehr an, sich außerhalb der Halle zu postieren, um den Einsatzkräften den Weg zur günstigsten Zufahrt zu zeigen. „Sie sollen sich beeilen", gab ich den Einsatzkräften mit auf den Weg, die sich nicht lange bitten ließen. Sieben Minuten später rollten zwei Kranken- und ein Notarztwagen in die Leichtathletikhalle. Noch schneller war nur die Polizei an Ort und Stelle gewesen.

In Ausnahmesituationen wie dieser funktioniert man wie ein Roboter, hinterfragt nicht viel. Möglich, dass meine Mutter dem Wunsch der Beamten sonst nicht nachgekommen wäre, das Video von meinem Unglückssprung vorzuführen, während die Rettungsleute alle Hände voll zu tun hatten, mich aus dem Einstichkasten zu bergen. Die Amtshandlung gipfelte nach einer kurzen Befragung, ob zum Zeitpunkt des Unglücks weitere Personen anwesend waren, in der Erkenntnis, dass nach derzeitigem Ermittlungsstand ein Fremdverschulden nicht sehr wahrscheinlich war. Da waren Freude und Erleichterung natürlich groß.

Auch bei den Rettungskräften musste alles seine Ordnung haben. Auf Nachfrage ratterte ich anstandslos meine Versicherungsnummer herunter, nur die e-card hatte ich nicht griffbereit. Die war sicher in der Geldtasche in meinem Auto verwahrt, von wo sie Mama umgehend herbeischaffte. Ich kann mich an keinen Moment aufkommender Panik erinnern, sehr wohl aber an die Frage, die ich an mich selbst richtete: „Wie wird mein Leben jetzt wohl weitergehen?" Ich vergoss auch keine Tränen, glaube aber, dass man in solchen Momenten viel zu sehr damit beschäftigt ist, einfach am Leben zu bleiben. Denn selbiges hing, ohne dass ich es wusste, an einem seidenen Faden. Oder eigentlich an zwei. Denn von den vier Arterien, die das Gehirn mit Blut versorgen, pump-

ten zu diesem Zeitpunkt nur mehr die beiden Arteriae caroti-
des internae, die inneren Halsschlagadern. Die zwei Arteriae
vertebrales (Wirbelarterien) hingegen waren durch den Aufprall gequetscht und abgeklemmt worden. Eine Schmalspur-
versorgung, die im schlimmsten Fall zum Hirntod führen
kann. Doch auch die plötzliche Öffnung einer der Wirbelarterien hätte mich in akute Gefahr bringen können. Das Eindrin-
gen eines Blutpfropfens ins Gehirn löst im Normalfall einen
Schlaganfall aus.

Gut, dass ich von diesen Szenarien erst viel später erfuhr –
am Beginn der Rehabilitation. Und deswegen die längste
Zeit blutverdünnende Mittel verschrieben bekam. Ich wäre
im Lauf des Rettungseinsatzes wohl noch ein bisschen an-
gespannter gewesen, hätte auch nicht die Muße gehabt, der
Konversation meiner Mutter mit der Notärztin zu lauschen.
Die nette Medizinerin berichtete, mich aus der Zeitung zu
kennen, erst unlängst einen Artikel über mich gelesen zu haben. Und dass es ihr leidtäte, mich unter solchen Umständen
wiederzusehen. Mir auch, das konnte sie mir glauben. Ein Sanitäter verpasste mir eine Plastik-Halskrause, die Notärztin
legte mir einen Zugang zur Vene, über den mir, so vermutete
ich zumindest, Beruhigungs- und Schmerzmittel gespritzt
wurden. Prophylaktisch eher, denn von Schmerzen war ich
keineswegs geplagt. Wie denn auch, wenn man vom Hals abwärts nichts spürt?

Was ich aber sehr wohl als äußerst unangenehm empfand,
war dieses Kribbeln auf der Haut meiner Arme, das sich bei
jeder Berührung verschlimmerte. Zum ersten Mal fiel mir
diese Wahrnehmung auf, als mich Mama kurz nach dem Unfall streichelte, um mir gut zuzureden, mir Mut zu machen.
Es fühlte sich an, als würden Ameisen über meine Arme lau-

fen, als würde meine Haut regelrecht explodieren. Die Empfindung blieb für die nächsten zwei Wochen meine unliebsame Begleiterin.

Für die sieben Sanitäter entpuppte sich die Bergung als ganz schön schwierige Übung. Die für derartige Fälle vorgesehene ausklappbare Liege erwies sich im Einstichkasten als unbrauchbar, die Matten links und rechts verhinderten, dass sie zur Entfaltung kam. Rund 15 Minuten dauerten die Versuche, mich aus meiner Notlage zu befreien und in den Krankenwagen zu hieven. Am Ende trugen mich die Rettungskräfte buchstäblich auf Händen. Als alles verstaut war und dem Abtransport nichts mehr im Wege stand, bemerkte ich, dass Clemens von meiner Seite gewichen war. So hieß jener Sanitäter, der Papa als meine „Kopfstütze" abgelöst hatte. Zu ihm hatte ich in den vergangenen Minuten scheinbar eine Art Vertrauensverhältnis aufgebaut. Mein Wunsch, dass er mich, zusätzlich zu meiner Mutter und anstelle eines Sanitäters, den ich bisher nur aus der Ferne wahrgenommen hatte, im Rettungsauto begleiten möge, stellte die Einsatzleitung vor gewisse organisatorische Probleme, zumal Clemens einer anderen Rettungsorganisation zugehörig gewesen sein dürfte als der Krankenwagen, in dem ich mich befand. Am Ende wurde meiner Bitte doch entsprochen, und der Tross setzte sich Richtung Landeskrankenhaus in Bewegung.

Unterdessen hatte Mama bereits unser nächstes Umfeld über die unerfreulichen Entwicklungen informiert – und auch niemanden im Unklaren gelassen, mit welcher Diagnose zu rechnen sei. Zuerst alarmierte sie Angie, die Mutter eines meiner Trainingskollegen, die als Sprechstundenhilfe für unseren Vertrauensarzt Christian Hoser arbeitet. Sie muss ihn umgehend erreicht und er alles stehen und liegen gelassen haben, traf er doch ziemlich gleichzeitig mit uns im Uniklinikum, seiner ehemaligen Arbeitsstätte, ein. Der zweite Anruf galt meinem Freund Christoph, der in seiner Wohnung in Graz saß und an der Bachelorarbeit feilte. Der dritte meinem Manager Tom Herzog, der vierte meiner Schwester Brit. „Brauchst aber nicht zu kommen", legte Mama ihr nahe, weil sie offenbar fand, dass man das Leid nicht auf noch mehr Personen verteilen müsse. Brit dachte nicht daran, untätig zu Hause auf Nachrichten zu warten, und brach auf, wurde unterwegs aber von Mama zur WUB-Halle umdirigiert. Dort hatte Papa, der per Pkw ins Krankenhaus hätte nachkommen sollen, ebenso fieberhaft wie vergeblich nach dem Autoschlüssel gesucht. Als Brit mein Trainingsdomizil betrat, sah sie die Schlüssel auf dem Stabhochsprungkissen liegen und Papa ein wenig konfus umherirren. Womit ihr augenblicklich klar wurde, dass es ohnedies besser sei, ihn in diesem Zustand nicht ans Steuer zu lassen.

Es waren 43 Minuten seit meiner Bruchlandung vergangen, als wir in der Notaufnahme eintrafen. Auf die holprige Fahrt mit Blaulicht und Sirene hätte ich durchaus verzichten können. Die Federung des Rettungsautos übertrug jede Bodenwelle, jedes auf den ungeteerten Wegen des WUB-Areals befindliche Schlagloch auf mich, und ich machte mir zunehmend Sorgen, dass sich meine Verletzung durch das permanente Durchgerütteltwerden weiter verschlimmern könnte. Wenigstens war ich durch Mamas Telefongespräche abgelenkt, ich hatte ihr noch aufgetragen, meinen Vorgesetzten beim Bundesheer, Vizeleutnant Hechenberger, über den Stand der Dinge zu informieren. Im Krankenhaus schob man mich sogleich in den Schockraum und bettete mich auf eine Krankenhausliege um. Mama musste draußen warten, und ich freute mich über das vertraute Gesicht von Christian Hoser, der kurz mit mir sprach, sich nach meinem Befinden erkundigte.

Unverzüglich wurde ein CT von Kopf und Halswirbelsäule angefertigt, das Aufschluss darüber geben sollte, wie es tatsächlich um mich stand. Alsbald begannen die Vorbereitungen für eine Operation, eine Notoperation, eine Operation als lebenserhaltende Maßnahme, wie meinem Manager später als Input für seine erste offizielle Aussendung mitgeteilt wurde. Bei mir verfehlten die diversen Medikamente und Mittelchen indessen ihre Wirkung nicht. Vieles von dem, was mir seit Jahren aufgrund der Anti-Doping-Bestimmungen bei Strafe verboten war, wurde nun in rauen Mengen in mich hineingepumpt. Und obwohl ich nicht auf die Idee kam, Einspruch zu erheben, so schoss mir doch zwischenzeitlich der Gedanke ein: „Wenn jetzt die Dopingkontrolleure kämen, hätten sie's lustig mit mir."

Nicht minder skurril gestaltete sich die Konversation mit dem medizinischen Personal. Eine Assistentin eröffnete mir, dass mein T-Shirt für die Operation aufgeschnitten werden müsse. Ich führe es auf mein wegen der Halskrause sehr eingeschränktes Blickfeld und auf meine Sedierung zurück, dass ich heftig protestierte, weil ich der irrigen Auffassung war, dasselbe coole, weiße Michael-Kors-Leibchen mit aufgedruckter rosa Brille zu tragen, das ich frühmorgens vor dem Weg zur Physiotherapie übergestreift hatte. Die Krankenhaus-Bedienstete versicherte mir, mein Lieblings-T-Shirt vorsichtig an der Seitennaht aufzutrennen, damit es später problemlos zusammengenäht werden könne. Zurück bekam ich es trotzdem nicht mehr. Bloß gut, dass es sich letztlich nur um ein schmuckloses Textil fürs Training gehandelt hatte.

Rund um mich wurde eifrig gewerkt, aber ich hatte zahlreiche Fragen: „He, bin ich eigentlich schon nackig?", wollte ich mehrfach wissen, denn die Halskrause verunmöglichte mir auch diesen Blickwinkel. Einen jungen, südländisch aussehenden Mitarbeiter fragte ich schließlich mit ehrlichem Interesse: „Schlägt mein Herz eigentlich noch?" Die Antwort des Angesprochenen entbehrte nicht einer gewissen Logik. „Sonst könntest du wohl kaum mit mir reden." Ich aber ließ nicht locker. „Könnte ja sein, dass ihr mich an eine Maschine angeschlossen habt." Das war ihm dann offensichtlich doch zu blöd. Weniger wissbegierig war ich, als mich die operierenden Ärzte aufsuchten und mir begreiflich machen wollten, was passiert war und was sie während der Operation zu tun gedachten. Mich schreckte die Vorstellung, dass mir die Chirurgen womöglich eine günstige Prognose stellten, mir in Aussicht stellten, gehen zu können, und dann beim Eingriff irgendetwas misslang. Also wehrte ich die Aufklärungsversuche mit den Worten ab: „Operiert doch mal, dann sehen wir ja, was rauskommt." Kurz darauf kam meine Familie, die sich sehr wohl über den Stand der Dinge hatte informieren lassen, um sich von mir zu verabschieden und mir Glück zu wünschen. Dann war ich wieder mit dem Ärzteteam allein, das darüber diskutierte, ob es mich bereits im Schockraum oder erst im Operationssaal narkotisieren sollte. Es dürfte sich für Variante eins entschieden haben. Denn ich war dann mal weg.

# Quantensprünge

Als mir meine Trainingsgruppe im Spital einen Besuch abstattete, fiel ich aus allen Wolken. Die Burschen eröffneten mir doch tatsächlich und allen Ernstes, sich vom Stabhochsprung zurückziehen zu wollen. „Warum wollt ihr nicht mehr springen?", fragte ich entgeistert. „Das ist doch das Schönste, das war immer unser Traum, dafür haben wir gelebt. Ich würde doch auch sofort wieder beginnen, wenn ich könnte." Ein Jahr später ist aus dem verbliebenen Trio tatsächlich nur mehr einer übrig. Was zu einem Gutteil daran liegt, dass mein Vater, der die Truppe betreut hatte, gezwungen war, andere Prioritäten zu setzen. Lukas Wirth, der als 18-Jähriger starke 5,15 Meter überqueren konnte, hat aufgehört, Emanuel Hübner auf Sprint umgesattelt, einzig Riccardo Klotz hält unsere Fahnen noch hoch. Dem damals 16-Jährigen war am Tag nach meinem Unfall ein mentaler Kraftakt geglückt, als er beim European Youth Olympic Festival in Tiflis mit übersprungenen 4,60 Metern die Bronzemedaille einheimste. Nachdem er auf der Hinreise infolge eines Kreislaufkollaps zwei Schneidezähne eingebüßt hatte. Ricci wird nun von seinem Vater gecoacht und nähert sich unaufhaltsam der Fünfmeter-Schallmauer.

Dass die Burschen ins Grübeln kamen, kann ihnen niemand verübeln. In den Tagen nach meinem Unfall wurde Stabhochspringen zur gefährlichsten Freizeitbeschäftigung, der man überhaupt nachgehen kann, hochstilisiert. Zitiert wurden die Erkenntnisse des National Centre for Catastrophic Sport Injury Research, das zwischen 1983 bis 2004 nicht weniger als 18 Todesfälle im amerikanischen High-School- und Collegesport ermittelt hatte. Einige der Fälle lassen sich im Internet gut nachrecherchieren. Man stößt auf die Namen von Samoa Fili (17), Leon Roach (19), Kevin Dare (19), Ryan Moberg (18) und Robert Zhongjie Yin (20). Hinzu kamen sieben Querschnittslähmungen, unter anderem von James Vollmer (zum Zeitpunkt des Unfalls 21), Jared Lutz (18) und Brandon White (18). Vor allem 2002 rissen die Schreckensmeldungen mit drei tödlichen Stürzen innerhalb von sieben Wochen nicht ab, worauf die Behörden einzelner US-Bundesstaaten mit einer Helmpflicht für Stabhochspringer reagierten. Das Beispiel machte mangels bewiesener Sinnhaftigkeit keine Schule. Zum Vergleich: American Football verzeichnete im gleichen Beobachtungszeitraum 94 Tote und 553 Schwerverletzte. Allerdings bei einer 50 Mal höheren Zahl an Ausübenden. Der wenig schmeichelhafte Status von Football als „gefährlichste High-School- und Collegesportart" dürfte in den USA demgemäß zu Recht bestehen. Was mich erstaunt, ist, dass aus keinem anderen Land tödliche oder schwere Stabhochsprungverletzungen überliefert sind. Entweder wird anderswo weniger akribisch, vielleicht auch gar nicht dokumentiert, oder man lässt die jungen Athleten in den USA zu früh und/oder ohne ausreichende Vorbildung an die Stäbe und die großen Höhen. Die einzige mir bekannte Athletin, die einen folgenschweren Sturz zu verzeichnen hatte, war Annika Becker. Der DLV-Athletin brach bei einem Meeting 2004 nach dem Absprung der Stab, beim Aufprall vor der Matte zog sie sich Halswirbelverletzungen zu. Physisch erholte sich Becker rasch, doch die psychischen Nachwirkungen machten eine Rückkehr unmöglich. Sie versuchte sich in der Folge noch einige Jahre mit begrenztem Erfolg als Weitspringerin. Im Erwachsenensport jedenfalls rangiert Stabhochsprung in dieser traurigen Statistik nicht im Spitzenfeld, wird von Motorsport, Boxen, aber auch Pferdesport um Längen abgehängt. Was auch kein Trost ist. Jeder Tote, jeder Schwerverletzte, egal, in welcher Sportart, ist einer zu viel.

Worum es mir geht: Das Letzte, das ich mit der Beschreibung meines Unfalls vermitteln und bewirken will, ist, dass Eltern ihre Kinder künftig nicht mehr zum Stabhochsprung schicken. Dazu ist die Sportart einfach zu faszinierend, zu beglückend, zu herausfordernd. In meiner subjektiven Wahrnehmung habe ich meinen Sport nie als gefährlich empfunden, wiewohl jeder Springer nach der ein oder anderen brenzligen Situation einmal kräftig durchatmet. Aber trifft das auf Skisportler, Radfahrer, Turner und viele andere nicht genauso zu? Mein Unfall war Pech, eine Verkettung unglücklicher Umstände, Schicksal, Vorbestimmung – was auch immer. Und führt vielleicht, soweit nötig, zu einer Verbesserung der Sicherheitsstandards.

Als mich der Traum vom Fliegen erstmals packte, lag mein siebter Geburtstag erst wenige Tage zurück. Ganz nebenbei verfolgte ich eine Übertragung der Olympischen Spiele 2000 in Sydney – bis mich ein Finale in der Leichtathletik ganz in seinen Bann zog. Aufgeregt zerrte ich meine Eltern aus dem Nebenzimmer vor den Röhrenfernseher. „DAS will ich auch machen!", tat ich kund und zeigte auf Menschen, die sich mithilfe von biegsamen Stecken elegant über eine Latte in luftiger Höhe wuchteten. Papa dürfte die Kinnlade ein wenig nach unten geklappt sein. Es handelte sich um eine Sportart, die er selbst hobbymäßig betrieben hatte: Stabhochsprung. Aber das erzählte er mir erst viel später.

Wir, die Grünbergs, waren zwei Jahre davor aus dem schwäbischen Reutlingen bei Stuttgart, der Heimat meines Vaters, nach Kematen, ein paar Kilometer westlich von Innsbruck, gezogen. Dort hatten meine Großeltern mütterlicherseits einen alten Bauernhof erstanden, in dem meine Eltern, die sich übrigens beim Skifahren im Stubaital kennengelernt hatten, die obere Etage für uns einrichteten. Ausschlaggebend für den Wohnsitzwechsel waren die Einschulung meiner um zwei Jahre älteren Schwester Brit und Mamas auslaufende Karenzierung. Sie war vor der Geburt ihrer beiden Töchter an der Volksschule Axams als Religionslehrerin tätig gewesen und hätte bei einer weiteren Karenzverlängerung das Recht verwirkt, an dieser Schule wiedereinzusteigen.

Im Gegensatz zu meiner Schwester bin ich nicht in der Lage, Schwäbisch zu schwätzen. Sie fühlt sich generell Deutschland mehr verbunden als Österreich, bei mir ist es umgekehrt. Vielleicht liegt's an den zwei Jahren, die sie länger in Reutlingen, vielleicht an den drei Jahren, die sie studienbedingt in München verbracht hat. Leicht ist uns beiden die Umsiedlung nicht gefallen, auch ich hatte in der alten Heimat einen Kindheitsfreund, von dem ich mich nur schwer trennen konnte. Ich war überhaupt ein schüchternes, ängstliches Mädchen – aber nur gegenüber Menschen, nicht gegenüber Fahrzeugen oder Geschwindigkeit. Man könnte mich in diesem Bereich durchaus als draufgängerisch bezeichnen. Eine Charaktereigenschaft, die ich wohl mehrheitlich Papa zu verdanken habe. Dessen Herz schlägt nämlich automatisch ein paar Schläge schneller, wenn irgendwo um ihn herum ein Motor knattert. Wovon auch ein Blick in das Nebengebäude hinter unserem Haus zeugt. Dort hortet er einen ganzen Fuhrpark von Fahrzeugen, der sich auf Asphalt- und

Wasserstraßen, Feld- und Seewegen bewegen ließe. Schade nur, dass ihm ein männlicher Nachkomme verwehrt blieb. Hat er halt Brit und mich ein bisschen wie Buben erzogen. Monster Trucks gab's eine ganze Menge im Haus, Puppen eher weniger, und wenn, hat niemand damit gespielt. Auch den Puppenwagen nutzten wir nur, um unsere Katze herumzukutschieren.

Die Sommer unserer Kindheit haben wir so gut wie alle auf einem Campingplatz am Lago Maggiore verbracht. Der Spaß durfte nicht zu kurz kommen, also war stets für ausreichend Pferdestärken gesorgt. Wir schipperten mit dem familieneigenen Motorboot über den See, fetzten mit dem Jetski über die Wellen. Besonders angetan hatte es mir ein Motorino, das ich mit sechs Jahren im Alleingang pilotierte. Das Gefährt ging an die 80 Sachen und, glauben Sie mir, für mich hat's

damals nur Vollgas gegeben. Mit diesem Spielzeug in Griff-
weite wurde auch jeder 13. August zum Selbstläufer – mein
Geburtstag.

An Bewegung hat es uns Mädels trotzdem nie gefehlt. Dafür sorgten unsere Eltern mit Nachdruck. Und gingen mit
gutem Beispiel voran, was sie zunächst aber vor uns geheim
hielten. Mama war 1982 im Alter von 17 Jahren Vize-Europa-
meisterin im Taekwondo gewesen, Papa spielte viele Jahre
in der ersten Unterwasser-Rugby-Bundesliga und fallweise
auch im deutschen Nationalteam. Brit und ich konnten uns
auf vielfältige Weise austoben. Winters kurvten wir durch
die Skigebiete vor der Haustür – Kühtai, Axamer Lizum, See-
feld –, sommers sattelten wir die Pferde, dazwischen turnten
wir durch diverse Säle. Dann entdeckte Brit Eiskunstlauf für
sich, während mir der Sinn so gar nicht nach Leistungssport

und zielgerichtetem Training stand. Bis zu den Olympischen Spielen in Sydney. Logisch, dass Papa keine Einwände gegen meine Entdeckung hatte, aber er führte mir vor Augen, wie viele Jahre es dauern werde, bis ich Sprünge beherrsche, die zumindest so aussähen, als wäre es die gleiche Sportart wie die der Olympia-Finalistinnen. Hat mich offenbar nicht abgeschreckt. Vier Jahre später wurde mir der Abstand zur Elite jedoch schmerzlich bewusst. Als ich beim Stabhochsprung-Finale der Olympischen Spiele 2004 als Elfjährige wieder einmal gebannt vor dem Fernseher saß und Jelena Isinbajewas dritten Weltrekord innerhalb eines Monats (4,91 m), den siebenten insgesamt, bestaunte, wurden meine Eltern durch lautes Wehklagen ins Wohnzimmer gelockt. „So ein Mist – jetzt muss ich ja noch höher springen, um Weltmeisterin zu werden."

Zu diesem Zeitpunkt hatte ich bereits die ersten Wettkämpfe in den Beinen, ich wusste also schemenhaft, was mich erwartete. Papa hatte sich nach meinem „Erweckungslerlebnis" von 2000 umgehend auf die Suche nach einem Stabhochsprungtrainer gemacht, gelangte aber bald zu der Erkenntnis, dass sich in Innsbruck keiner auftreiben ließ. Zumindest keiner, der bereit war, seine Aufmerksamkeit Kindern zu widmen. Woraufhin in ihm der Plan reifte, die Sache selbst in die Hand zu nehmen. Vorerst nur zu einem kleinen Teil, denn die ersten Trainingsjahre standen im Zeichen einer gediegenen athletischen Grundausbildung. Dafür hatte er meinen ersten Verein, den LAC Innsbruck, und die dortige Trainerriege auserkoren. Im Jahr darauf wechselten wir zur Turnerschaft Innsbruck. Drei, vier Jahre lang probierten meine Schwester, die mit fliegenden Fahnen von der Eishalle auf die Tartanbahn gewechselt war, und ich alle kindgerechten Disziplinen durch: 60 und 100 Meter, Weit- und Hochsprung, Schlagball, später Kugelstoßen. Papa selbst griff nur ein, wenn vorbereitende Grundübungen für Stabhochsprung auf dem Programm standen. Die Trainingsgeräte muten aus heutiger Sicht ein wenig archaisch an, wir hopsten mit Holzstecken und Besenstielen durch die Gegend, Matte bekamen wir jahrelang keine zu Gesicht. Wohl auch, weil jene am Alten Tivoli eher das Interesse von Altertumsforschern denn von Athleten erregte. Wir lernten mithilfe unserer Stecken, wie man einen Stab richtig hält, wie man fachgerecht in den Kasten einsticht, und andere nützliche Dinge. Wenn wir ein paar Sprünglein taten, landeten wir in der Sandkiste der Weitsprunganlage.

Mit elf erfüllte Papa endlich meinen sehnlichsten Wunsch, nunmehr das gesamte Training auf Stabhochsprung auszu-

richten. Keine andere Disziplin hatte mir auch nur annähernd so viel Freude bereitet. Ich konnte auch später nie verstehen, wie man es schaffte, sich etwa für den Langstreckenlauf zu begeistern. Allein schon die Eintönigkeit im Training hätte mich mürbe gemacht. Zeitgleich zu der frohen Kunde eröffnete uns Papa, sich künftig hauptverantwortlich um unsere vier, fünf Kids starke Gruppe zu kümmern. Und er „gestand", früher selbst aus Spaß an der Freud' mit dem Stab aktiv gewesen zu sein, dass er es zwar „nur halb" konnte, aber sich die Technik seither nicht gravierend verändert habe.

Trotz meiner Begeisterung war aller Anfang schwer. Beim ersten Stabhochsprung-Wettkampf in der Alten Messehalle im Jänner 2004 scheiterte ich sechsmal an der niedrigstmöglichen Anfangshöhe von 1,70 Metern. Meine Eltern und die Veranstalter aber ließen mich gewähren, wollten wohl nicht, dass mein Debüt mit einem Frustrationserlebnis endete. Tatsächlich gelang es mir, mich im siebenten Versuch über die Latte zu katapultieren – Jubel! Bei meiner ersten Teilnahme bei Österreichischen Meisterschaften half aber auch meine Engelsgeduld nicht. Als noch Zehnjährige ließ man mich bei den U14-Titelkämpfen in Ried im Innkreis schlicht und ergreifend nicht antreten. Auch Brit fühlte sich nach Rang 4 nicht ausreichend wertgeschätzt, und so bekam Papa auf der Heimfahrt in Stereo zu hören: „So lassen wir uns nie wieder behandeln! Wenn wir noch einmal zu so etwas fahren, dann nur, um zu gewinnen!"

Im Jahr darauf fuhren wir wieder „zu so etwas", nur diesmal für die Turnerschaft Innsbruck statt für den LAC – und machten unsere Ankündigung in Feldkirchen wahr. Brit krallte sich nach einem Sprung über 2,81 Meter Gold, ich konnte als Elfjährige mit Bronze im U14-Bewerb (2,30 m) auch ganz gut leben. Ich trainierte mittlerweile viermal die Woche, dreimal Sprint, Sprung, alles, was mit Athletik zu tun hatte, und einmal mit dem Stab. Und genau diese Vielfalt war es, die mich an dem Sport so fesselte. Es braucht Schnelligkeit, Sprungkraft, turnerische Fähigkeiten, Technik, Mut – anspruchsvoller geht's eigentlich kaum. Ich befand mich auf dem Vormarsch. Zwar noch auf bescheidenem Niveau, aber auf dem Vormarsch. Beim LAC-Nachwuchsmeeting durchstieß ich im Mai 2006 erstmals die Dreimeter-Schallmauer (3,01). Und in Ried, wo ich zwei Jahre zuvor unverrichteter Dinge hatte abziehen müssen, setzte ich als frisch gebackenes Mitglied des ATSV Innsbruck, für den ich bis zu meinem Karriereende im Einsatz war, den ersten Meilenstein. Als Jüngste im Feld (zwölf Jahre, zehn Monate) siegte ich bei der österreichischen U16-Meisterschaft vor – auch nicht ganz unwesentlich – mei-

ner Schwester, die ich mit 2,90 Metern um zehn Zentimeter hinter mir ließ. Ich befürchte, dass dieses Erlebnis in gewisser Hinsicht prägend war für sie, da sie sich von dem „Schock", sportlich betrachtet, nicht mehr vollständig erholte.

Der nächste Quantensprung verschaffte mir mit 13 die Ehre meines ersten österreichischen Rekordes. Schauplatz war das burgenländische Pinkafeld, Austragungsort der U16-Staatsmeisterschaften 2007. Als ich bei drei Metern in den Wettkampf einstieg, war nur mehr eine Konkurrentin übrig. Allerdings hätte auf einen peinlichen Salto nullo nicht viel gefehlt; erst im dritten Versuch meisterte ich meine Anfangshöhe. Gold war mir damit sicher – also fackelte ich nicht lange und ließ die neue Rekordhöhe von 3,42 Metern auflegen. Gar kein so leichtes Unterfangen, die Organisatoren hatten für eine solche Höhe nämlich keine Messlatte parat. Also musste einer der Veranstalter ausschwärmen, um aus der nahen Steiermark eine herbeizukarren. Wieder machte ich es über Gebühr spannend, im dritten Versuch aber hatte ich die Bestleistung dann doch noch in der Tasche. Damit sich der Botendienst richtig ausgezahlt hatte, versuchte ich mich noch an 3,52 Metern, 17 Zentimeter über meinem bisherigen „All-time High" – und wieder blieb die Latte im letzten Versuch liegen. Zwei Wochen später wurde ich mit dem ersten Aufeinandertreffen mit der heimischen Elite belohnt. Es reichte bei den Staatsmeisterschaften in Feldkirch zwar nur zu Rang 5 unter fünf Teilnehmerinnen, mit übersprungenen 3,30 Metern konnte ich mein damaliges Leistungsniveau aber annähernd abrufen.

Selbe Höhe, selbe Platzierung ein halbes Jahr später bei den Hallen-ÖMS 2008. Einziger Unterschied: Zum ersten Mal landete Doris Auer, die Grande Dame des österreichischen

Stabhochsprunges, hinter mir. Ich war zwar schon längst ausgeschieden (3,30 m), als sie in den Wettkampf eingriff (3,80 m), ihre drei Fehlversuche ließen sie aber am Ende der Wertung aufscheinen. Oder eigentlich außerhalb. Fakt ist: Mit Doris, damals 36, hatte ich immer ein sehr gutes Verhältnis, sie ist ein unglaublich positiver Mensch. Wenn die Begleitumstände eines Meetings noch so trist waren – Doris fand immer etwas, um sich und andere aufzubauen. „Schau, der schöne Rasen!" Oder: „Schau, die schöne Wolke! Da werden wir heute gut springen." Wenn ihre Prophezeiung dann doch nicht eintraf, gab es hundertprozentig einen anderen triftigen Grund, warum der Wettkampf trotzdem schön gewesen war. Als ich ihr 2014 und 2015 den Freiluft- und den Hallenrekord entriss, trudelte prompt ein Gratulations-SMS ein: „Dir vergönne ich das!" Eine große Geste, zumal man fairerweise sagen muss: 4,40 bzw. 4,44 Meter hatten vor 15 Jahren die Zugehörigkeit zur absoluten Weltklasse bedeutet, nicht umsonst belegte sie bei den Olympischen Spielen in Sydney Rang 6. Heute erreicht man mit dieser Leistung nicht einmal mehr ein EM-Finale. Doris war aber auch eine tolle Universal-Athletin, ein echtes Rundumtalent. Sie sprintete zum Beispiel die 100 Meter in 11,90 Sekunden. Das schaffen in Österreich mit ein paar handverlesenen Ausnahmen nicht einmal die Spezialistinnen.

Im weiteren Verlauf der Saison, in der Papa erstmals das gesamte Training konzipierte und leitete, konnte ich meine Bestleistung in drei Schritten um weitere 20 Zentimeter auf 3,72 Meter steigern. Und drang damit in Sphären vor, die für die Beschickung internationaler Titelkämpfe infrage kamen. Bis dahin war mir nicht einmal bewusst gewesen, dass es im Jugendbereich solche Veranstaltungen gab. Jetzt aber hatte sich die U18-Weltmeisterschaft 2009 in Brixen in meinen Gehirnwindungen festgesetzt. Dort musste ich hin. Mit Erfahrungen bei internationalen Multisport-Wettkämpfen, selbst in exotischen Gefilden, konnte ich zu diesem Zeitpunkt zwar schon aufwarten, aber nicht im Stabhochsprung, der zugunsten von „leichteren" Disziplinen mit größeren Starterfeldern oft außen vor gelassen wurde. 2006 hatte ich an den 40. International Children's Games in Bangkok teilgenommen, wo ich über 100 Meter an den Start ging. Die Veranstaltung, bei der Städteteams antraten, wurde sogar von König Bhumibol eröffnet, ich aber fand das alles wenig erbaulich. Weil mich das Heimweh massiv gepackt hatte. So wie in den Reitferien früher – nur dass mich Papa und Mama damals abholen und nach einer Nacht zu Hause wieder hinbringen konnten. In Thailand aber waren Elternteile nicht mal als Betreuer vorgesehen – im Gegensatz zu ganzen Heerscharen von Innsbrucker Lokalpolitikern und Landesbeamten. Wenigstens konnte ich das Zimmer mit Brit teilen, die als Hochspringerin nominiert war. Im Jahr darauf war Reykjavik Schauplatz der Kinder-Spiele gewesen, auch sehr schön, auch sehr, na ja, kühl eben. Hängen blieben bei mir die Blue Lagoon und ein Vergnügungspark. Und dass ich wegen vorauseilenden Heimwehs schon kurz vor der Abreise hatte kneifen wollen. Ebenfalls 2007 hatte es mich noch ins dänische Aalborg verschlagen. Der Trip zu den Youth Games fiel eher in die Kategorie „beschwerlich". Zuerst saßen wir Athleten einen ganzen Tag im Bus, dann durften wir in Feldbetten auf mitgebrachten Luftmatratzen ruhen.

Da fühlte sich Brixen schon sehr viel eher wie Spitzensport an. Das Limit von 3,65 Metern war frühzeitig erledigt, folglich reiste ich Anfang Juli als eine von sieben Österreichern zur

Medaillenjagd nach Südtirol. Zwei der Teamkollegen zählen noch heute zu den Aushängeschildern der rot-weiß-roten Leichtathletik: Diskuswerfer Lukas Weißhaidinger und Mehrkämpferin Ivona Dadic. Mit Ivi habe ich mich von Beginn an prächtig verstanden, Brixen war der Startschuss für eine bis heute währende Freundschaft. Der Zufall, die Tagesform und die Konkurrenz wollten es, dass wir mit jeweils zehnten Plätzen für die beste österreichische WM-Platzierung sorgten.

Für mich als 15-jährigen Backfisch entpuppte sich das erste Kräftemessen mit der (fast) gleichaltrigen internationalen Konkurrenz als überaus wertvolle Erfahrung. Alles lief sehr seriös und offiziell ab. Erstmals wartete ich in der nervös-angespannten Atmosphäre eines Call Room mit meinesgleichen auf den Wettkampf, erstmals musste mein Trainer die Performance von der Tribüne aus verfolgen. Keine große Sache – beim zweiten Mal, etwas gewöhnungsbedürftig bei der Premiere. Eine neue Erfahrung brachte auch das unerwartete Zusammentreffen mit Stabhochsprung-Ikone Sergej Bubka. Irgendwie kamen mein Teamkollege Thomas Pastl und ich mit dem IOC-Vizepräsidenten ins Gespräch, ein Fotograf fing die Szene ein, und schon war ich anderentags an der Seite eines Weltstars in einer Südtiroler Tageszeitung zu bewundern. Meine sportliche Leistung hätte dafür nicht ganz gereicht. Nachdem ich meinen persönlichen Rekord im Laufe der Saison zunächst auf 3,74 m und dann wieder um stattliche 17 Zentimeter auf 3,91 m nach oben hatte schrauben können, bedeuteten die 3,85 m in der Qualifikation und die 3,80 im Finale doch immerhin die zweit- und drittbeste Leistung meiner Karriere. Die erste internationale Bewährungsprobe hatte ich damit auf jeden Fall bestanden. Und mich auch ein Stück weit besser kennengelernt. Dass mir die Nerven im Normalfall keinen Streich spielen, die Nervosität auch bei großen Aufgaben wie weggeblasen ist, sobald ich den Stab in der Hand halte.

Keine zehn Tage später vertrat ich schon wieder Österreichs Farben bei einem bedeutenden Wettkampf, dem Europäischen Olympischen Jugendfestival. Leider hielt der Event im finnischen Tampere mit der hochtrabenden Bezeichnung nicht mit. Im Stabhochsprung, aber wohl auch in vielen anderen Leichtathletik-Disziplinen beschickten die meisten europäischen Nationen das EYOF mit der zweiten oder gar dritten Athletengarnitur. Die logische Folge: Die Höhe der Siegerin lag in Tampere 42 Zentimeter unter jener der schwedischen WM-Goldmedaillengewinnerin in Brixen. Warum ich dann trotzdem keine Medaille holte? Das wüsste ich auch gern. Meine WM-Finalleistung hätte für Bronze, jene aus der Quali für Silber, die Einstellung meiner persönlichen Bestleistung für Gold gereicht. Aber ich wurde mit mäßigen 3,65 Metern Fünfte. Eine Schmach, die ich zum Teil auf meine Kappe nehme, zum Teil auf die unbefriedigende Betreuungssituation vor Ort zurückführe. Dr. Roland Werthner, der ehemalige Mehrkämpfer, war mir als Trainer zugeteilt. Sehr betreuungsintensiv dürfte ich nicht gewesen sein, wollte lediglich den Absprungpunkt meines jeweils letzten Versuches übermittelt bekommen. Aber auch das war offenbar zu viel verlangt.

Alles in allem ging es in den Jahren 2007 bis 2010 – von ein paar kleinen Dämpfern abgesehen – hurtig nach oben. Ein Resultat der zunehmenden Professionalisierung meines Umfeldes. Papa hatte begonnen, sich mit Kapazundern unseres Sports auszutauschen, die Kontakte permanent zu pflegen und sein Know-how sukzessive zu erweitern. Unter seinen Informanten und Diskussionspartnern fand sich das Who's who der Stabhochsprung-Trainerszene: Andrej Tiwontschik (Olympia-Dritter von 1996 und Coach von Raphael Holzdeppe), Herbert Czingon (langjähriger deutscher Bundestrainer) und Witali Petrow (coachte Sergej Bubka und Jelena Isinbajewa). Ich selbst stelle die Weichen meiner schulischen Laufbahn neu, um der Professionalisierung Rechnung zu tragen. Ursprünglich hatte ich mich für das Innsbrucker Adolf-Pichler-Platz-Gymnasium, eine Schule ohne sportlichen, dafür mit naturwissenschaftlichem Schwerpunkt, entschieden, musste aber allmählich zur Kenntnis nehmen, dass sich Leistungssport und Regelschule nicht unter einen Hut bringen lassen. Nicht der Noten wegen, die hatte ich spielend im Griff, sondern aufgrund der Unmengen von Fehlstunden, die ich regelmäßig anhäufte. Im Februar 2010, Mitte der siebten Klasse, also eineinhalb Jahre vor der Matura, zog ich die Notbremse und wechselte in die Abendschule, das Gymnasium für Berufstätige. Dort waren nur zweimal fünf Stunden Anwesenheit pro Woche erforderlich, den Rest arbeitete man in einer Art Fernstudium ab. Für mich ergab sich dadurch der unschätzbare Vorteil, problemlos zweimal am Tag trainieren zu können. Selbst an den beiden Abenden mit Anwesenheitspflicht schuftete ich noch von 22 bis 24 Uhr in der rund um die Uhr geöffneten Kraftkammer im „Happy Fitness" in Innsbruck.

Die Matura selbst brachte ich dann im Februar 2012 unter Dach und Fach, ein halbes Jahr später als über den normalen Schulbetrieb. Mit einem Notendurchschnitt von 1,0 übrigens. Der war lediglich durch die schriftliche Reifeprüfung in Mathematik gefährdet. Unser Professor hatte ein unlösbares Beispiel konstruiert, bei dem die Punkte kein Viereck ergaben. Das merkte ich auch an, bekam aber trotzdem massig Punkteabzüge. Mehr als andere, die sich schon vorher verrechnet hatten und deshalb ein Ergebnis zustande brachten. Dieses „Gut" wollte ich, weil unverschuldet, nicht auf mir sitzen lassen – und bekam Recht. Die schriftliche Prüfung musste wiederholt werden, die bessere Note zählte. Praktisch für all jene, die im ersten Versuch ein „Nicht genügend" produziert hatten, praktisch für mich, die das „Gut" in das angestrebte „Sehr gut" verwandeln konnte. Mein Mathe-Lehrer liebte es, mich als Klassenbeste zu fordern. Während das Gros meiner Kollegen ein bevorzugtes Thema für die mündliche Matura bekannt geben durfte, bekam ich, was übrig blieb, was niemand wollte: Differential- und Integralrechnung. Die Aufgabe hatte es durchaus in sich, aber denken tut ja nicht weh. Obwohl sich die Klassengemeinschaft in einer Abendschule schon aufgrund des wesentlich höheren Altersdurchschnitts und der beschränkten gemeinsamen Unterrichtsphasen anders anfühlt, vergnügten wir uns auf einem Maturaball und begaben sich einige Absolventen nach bestandener Reifeprüfung auf Maturareise. Ich, das Nesthäkchen der Klasse, konnte nicht dabei sein – im Österreichischen Leichtathletik-Verband galt damals das ungeschriebene Gesetz, dass Entsendungen zu internationalen Wettkämpfen und die Teilnahme an einer Maturareise im gleichen Jahr unvereinbar seien.

Viele Stabhochspringer haben ihre Wurzeln im Turnsport, ich aber war ein Kind der Leichtathletik. Was sich in durchaus passablen „Zubringerleistungen" niederschlug. So etwa habe ich eine 100-Meter-Bestzeit von 12,08 Sekunden stehen, auch die 14,13 über 100 m und 8,56 über 60 m Hürden können sich durchaus sehen lassen. Von meinen 28 Staatsmeistertiteln von der U16 (3) über die U18 (9), U20 (5), U23 (5) bis zur allgemeinen Klasse (6) entfallen sechs Goldmedaillen auf den Sprint mit und ohne Hürden. Besonders einprägsam in dieser Hinsicht war für mich die U18-Hallen-Staatsmeisterschaft 2010, bei der ich den ganzen Tag über von Wettkampf zu Wettkampf wieselte, mitunter nicht mal dazukam, die Stabhoch- mit den Hürdenspikes zu wechseln, schlussendlich drei Goldmedaillen (60 m, 60 m Hürden, Stabhochsprung) umgehängt bekam, zum Drüberstreuen im Kugelstoßen Vierte wurde.

Als weitere Errungenschaft dieses Jahres wird mir mein erster Sprung über vier Meter am 12. Juni 2012 im Rahmen der Tiroler Landesmeisterschaften in Salzburg-Rif in Erinnerung bleiben (4,01 m). Beflügelt könnte mich damals auch die Änderung meines Beziehungsstatus haben – von Single auf „in einer Beziehung". Ich hatte Christoph im Februar 2010 auf einer privaten Party in Zirl kennengelernt. Von da weg entwickelte sich die Sache – gemächlich, aber doch, bis im Juni die Fronten geklärt waren. Anfangs wusste Christoph mit Stabhochspringen und der Intensität, mit der ich es betrieb, nichts Rechtes anzufangen, er stellte es in etwa gleich mit seinem liebsten Hobby: in der Tiroler Eliteliga für Zirl Eishockey zu spielen. Die „Gunners" waren damals in der Tat das Maß aller Dinge, aber eben in der dritten Leistungsstufe. Dass ich in einer anderen „Liga" spielte und zukünftig zu spielen gedachte, wurde ihm vielleicht erst bewusst, als er mich zu den Gugl Games 2012 begleitete und wir dort Seite an Seite mit Athleten dinierten, die auch ein durchschnittlich interessierter Sportkonsument zumindest dem Namen nach kannte: Justin Gatlin etwa oder Kirani James, kurz zuvor in London als Olympiasieger über 400 Meter gefeiert.

Im gleichen Jahr hätte auch Christophs sportliche Karriere eine Wendung nehmen können, er erhielt das Angebot, für die Nachwuchsmannschaft des Eliteklubs Liwest Linz zu spielen. Nach einem Schnupper-Trainingslager in der Slowakei entschied er sich aber für ein Maschinenbaustudium in Graz. Das betreibt er seit 2012 mit bewundernswerter Konsequenz. Während ich gewohnt war, die Bücher vor Prüfungen hervorzukramen, um diese irgendwie zu bestehen, ist Christoph permanent am Lernen, oft in 70-Stunden-Wochen – weil ihn die Materie von Grund auf interessiert. Längst befindet er sich im Masterstudium, will im Sommer 2017 abschließen. Wohin ihn sein beruflicher Weg dann führt, wird sich weisen. Die Möglichkeiten in Tirol sind jedenfalls enden wollend.

Der erfolgreiche Versuch, die Viermeter-Schallmauer zu überwinden, fühlte sich im wahrsten Sinne des Wortes wie der Sprung in eine neue Dimension an. Denn für mich beginnt Stabhochspringen mit dieser Höhe erst so richtig. Wenn der Kopf nach unten zeigt, die Füße nach oben und diese i-Position technisch einwandfrei umgesetzt wird. Alles andere ist ein bisschen wie „Hüpfen über die Schnur". Hat man dieses Niveau an Perfektion erreicht, was in Österreich bislang acht Athletinnen gelang, entfaltet Stabhochspringen seine ganze Eleganz. In einfachen Worten spielt sich in den sieben, acht Sekunden zwischen dem ersten Schritt des Anlaufes und der Landung in etwa Folgendes ab: Als Rechtshänder hat man in der Startposition den linken Fuß vorne, macht den ersten Schritt (von z.B. 16, wie in meinem Fall) mit rechts und begibt sich in eine Art Steigerungslauf. Den Stab greift man schulterbreit, mit der rechten Hand höher als mit der linken und senkt ihn von ca. 70 Grad am Beginn bis auf etwa minus 20 Prozent kurz vor dem Einstechen in den Kasten kontinuierlich ab. Vier Schritte vor diesem Einstechen befindet sich der Stab in waagrechter Position, man beginnt den Absprung einzuleiten. Dabei nimmt man den Stab, der sich in Hüfthöhe befindet, und führt ihn eng am Körper mit dem gestreckten Arm an der Schläfe vorbei. Der letzte Schritt sollte der schnellste sein, als Rechtshänder springt man mit dem linken Fuß nach oben vorne weg und versucht, sich dabei so groß wie möglich zu machen. Beim Absprung beginnt sich der Stab zu biegen. Mit dem Körper versucht man, die Position des Absprunges beizubehalten, um dem Stab die Energie des Anlaufes zu übertragen. In der Folge bleibt das linke Bein nach hinten gestreckt, das rechte vollführt einen Knieheber, die Zehen im rechten Fuß werden angezogen, das Fußgelenk nach oben gerichtet, man erreicht mit maximal möglicher Körperspannung die C-Position. Dann bringt man die Arme nach vorn, nimmt die Schultern zurück und beginnt mit Armen und Beinen aufzurollen, um mit dem linken Bein Schwung zu holen und die Beine um 180 Grad Richtung Himmel zu strecken. Der Kopf zeigt dabei nach unten (i-Position). Während sich der Bauch in einer halben Drehung der Latte zuwendet, erhält man die gespeicherte Energie vom Stab zurück, danach stoßen sich Top-Springer von diesem ab, überqueren die Latte mit den Beinen zuerst, machen die Rotation mit und fallen rücklings auf die Matte. Die Füße zeigen im Normalfall in Richtung des Einstichkastens.

Eine komplexe Abfolge von Bewegungen, die den Stabhochsprung zur wohl technisch schwierigsten Disziplin der Leichtathletik und besonders anfällig für äußere Einflüsse macht. Bei der U20-WM im kanadischen Moncton, erster Saisonhöhepunkt des Jahres 2010, sorgten diese äußeren Einflüsse sogar für eine Verschiebung der Qualifikation um einen Tag. Zuerst ließ man uns ewig im strömenden Regen einspringen, dann, zehn Minuten vor Wettkampfbeginn, schickte man uns doch in die Kabine. Mit dem Hinweis, man schaffe es nicht, die „Wassermassen" aus dem Einstichkasten zu schöpfen. Für mich bedeutete das, ein zusätzliches Mal die eineinhalbstündige An- und Abreise anzutreten zu müssen. Andere Nationen wohnten zwei Minuten vom Stadion entfernt, aber vermutlich hatte der Österreichische Leichtathletik-Verband die Chance, zwei, drei Euro zu sparen, beim Schopf gepackt. Als Ausrede für meine Leistung kann diese Pfennigfuchserei natürlich nicht gelten, ich scheiterte als Nummer zwölf der Entry List gegen die um bis zu drei Jahre ältere Konkurrenz denkbar knapp am Einzug ins Finale der besten 13. Die Qualifikationshöhe von 3,85 Metern im ersten statt im zweiten Versuch zu meistern hätte schon gereicht. Daran konnte auch die fürstliche Verpflegung im Hotel nichts ändern. Köstliche Waffeln in der Früh, ein üppiges Salatbuffet und Burger, die wunschgemäß und frisch zubereitet wurden, zum Dinner. Eine wohltuende Abwechslung zu der im Regelfall wenig sportlergerechten Verpflegung, die uns sonst aufgetischt wird.

Auch das ansonsten sehr imposante Athletendorf der 1. Olympischen Jugendspiele in Singapur bildete da keine Ausnahme. Besonders beeindruckte mich die Frühstücksmarmelade, deren Form unverändert blieb, wenn man sie aus der quadratischen Verpackung befreit hatte. Die Speisen am Buffet gammelten in ihren Warmhaltevitrinen so lange vor sich hin, bis auch der letzte Nährstoff entwichen war. Da lockte selbst die Fast-Food-Kette als ungleich schmackhaftere Variante. Mein Vater Frithjof stand erst gar nicht vor dieser buchstäblichen Qual der Wahl, die restriktiven Athleten-Betreuer-Quoten des IOC machten die Einquartierung im Olympischen Dorf unmöglich. Das Österreichische Olympische Comité versuchte sich als Tourismusbüro und wurde gerade noch eines Zimmers habhaft – pikanterweise in einem Stundenhotel. Gut, dass Papa so ein charakterstarker Typ und Mama nicht eifersüchtig ist. Eine Stunde Fahrzeit trennte mich von ihm, entsprechend herausfordernd war es, immer zur rechten Zeit am rechten Ort zu sein. So auch bei der Qualifikation. Die provokant frühe Startzeit (9.15 Uhr) zwang mich dazu, um 5 Uhr morgens aus den Federn zu kriechen, um 6.30 Uhr den Shuttle zum Stadion zu besteigen. Allein, denn der vom ÖLV entsandte Trainer Wolfgang Adler konnte oder wollte seine Komfortzone nicht so früh verlassen. Schade für mich, ein bisschen Zuspruch in den Stunden vor dem Wettkampf, in denen man kaum etwas Essbares runterbringt, in denen einem die Nervosität ziemlich zusetzt, wäre mir ganz gelegen gekommen. Ich bin aber sicher, dass der Coach meinem Auftritt später wenigstens als interessierter Zuschauer beiwohnte. Denn dieser Auftritt endete immerhin mit der Qualifikation fürs A-Finale der besten Sieben. Als Vorkampf-Sechste mit 3,80 Metern aufgrund der zahlenmäßig geringeren Fehlversuche. Leider konnte ich mich im Kampf um die Medaillen, der satte vier Tage später stattfand, nur mehr um zehn Zentimeter steigern, für Bronze wären allerdings 4,20 Meter nötig gewesen – 19 Zentimeter mehr als meine damalige persönliche Bestleistung.

Trotzdem war meine Enttäuschung riesengroß. Genau wie die meiner Zimmerkollegin Ivona Dadic, die zeitgleich ihr Finale im Weitsprung bestritten hatte und sich 27 Zentimeter hinter Bronze mit Rang 6 begnügen musste. Hinterm Stadion klagten wir uns gegenseitig unser Leid, heulten Rotz und Wasser ob der vertanen Chance, in meinem Fall wegen der mäßigen Leistung. Abgesehen von dem sportlichen Unhappy-End übertrafen die Youth Olympic Games aber meine kühnsten Erwartungen. Schon bei der Eröffnungsfeier blieb einem der Mund offen. Die pompöse Zeremonie samt Über-drüber-Feuerwerk soll mehr Geld verschlungen haben als die gesamten Winter-Jugendspiele 2012 in Innsbruck. Für gute Stimmung sorgten auch die Freiwilligen, die allesamt der Al-tersgruppe der 15- bis 18-jährigen Athleten zuzuordnen wa-ren. Das Konzept des neuen Eventformats sah vor, dass alle Athleten für die gesamten zwei Wochen der Spiele anwesend sein mussten, um nicht nur von der Medaillenjagd, sondern auch von zahlreichen Workshops und Info-Veranstaltungen profitieren zu können. Das Programm ließ tatsächlich keine Wünsche offen, vor allem der Adventure Day auf einer Insel vor Singapur überzeugte mich restlos: Klettern, gemeinsamer Floßbau, Verkosten von exotischen Früchten – so stelle ich mir das Heranführen junger Athleten an die olympische Idee vor.

Der herausragenden Bedeutung der Youth Olympic Games wurde ich bereits im Vorfeld gewahr. In Moskau hatte man im Mai eigene Europäische Trials angesetzt, eine brutale Aus-lese, die einer U18-EM gleichkam. Mit übersprungenen 3,90 Metern hatte ich auch dort Platz 5 belegt, insgesamt waren neun der insgesamt 16 Startplätze für Europa reserviert. In Österreich stimmte uns 16 Athleten eine Kick-off-Veranstal-tung des ÖOC samt Einkleidung auf das Debüt unter den fünf Ringen ein. Bei diesem „Come together" in Abtenau lernte ich unter anderem Lara Vadlau kennen, eine der wohl schil-lerndsten Persönlichkeiten meiner Athletengeneration. Das dort genossene Medientraining interpretierte sie in den In-terviewübungen ein bisschen eigenwillig. „Für Silber bleib ich nicht so ewig lang da drüben. Mein Ziel ist Gold." Oder: „Segeln ist nichts für alte Leute. Nebenbei einen Fisch zu grillen kannst dir abschminken." Ich hielt die junge Dame anfangs für reichlich eingebildet, aber sie ließ den großen Worten schon bald große Taten folgen. Die Ausnahme-Seglerin holte in Singapur Österreichs einzige Einzel-Goldmedaille, legte im Erwachsenenbereich mit mehreren Welt- und Europameistertiteln nach und reiste als Medaillenfavoritin dorthin, wo auch ich so gern gestartet wäre: zu den Sommerspielen 2016 in Rio. Vom Singapur-Kader war das außerdem Ivona Dadic, Jakub Maly (Schwimmen) sowie Paul Sieber (Rudern) gelungen, Luis Knabl (Triathlon), Viktoria Wolffhardt (Kanu) und Martina Kuenz (Ringen) scheiterten knapp.

Obwohl mich mit meiner Zimmerkollegin Ivi, mit der ich auch in Singapur viel gemeinsam unternahm, eine innige Freundschaft verband und noch immer verbindet, genoss ich es doch, einmal, wenn auch knapp, vor ihr platziert zu sein. Denn wir, die kleine Zelle tief im Westen, wurde lange Zeit – eigentlich bis zum Übertritt in die allgemeine Klasse – eher belächelt, nicht für voll genommen, eine ansprechende Leistung wurde gern als Eintagsfliege abgetan. Nach dem Motto: „Lasst die Grünbergs nur machen, da kann ja nichts dabei herauskommen." Weil ja keiner der Bundestrainer seine Hände im Spiel hatte, sondern ein No-Name-Coach, ein Autodidakt und Piefke obendrein. Man brauchte nicht übersensibel zu sein, um mitzubekommen, dass die Schützlinge von Nationaltrainern ein ums andere Mal frühzeitig als Stars gehypt wurden, während man als Tiroler, Vorarlberger oder Steirer eine deutlich bessere Leistung benötigte, um überhaupt wahrgenommen zu werden. So wurde mir bei Team-Europameisterschaften stets Daniela Höllwarth vorgezogen. Die rangierte leistungsmäßig zwar hinter mir, war aber Schützling von Sprung-Nationaltrainer Wolfgang Adler. Erst nachdem sie ihre Karriere beendet hatte, kam ich zum Zug. Die Athleten im Osten konnten nichts dafür, aber sie waren bis zu einem gewissen Grad „Protektionskinder". Auch Ivi. Ohne, dass sie es jemals nötig gehabt hätte.

Honoriert wurde mein fünfter Platz von Singapur aber genauso wenig wie ihr sechster. Bundestrainer Christian Röhrling hatte in seinem Jahresbericht überhaupt auf die Youth Olympic Games vergessen. Möglich, aber nicht allzu wahrscheinlich, dass er in dem Konvolut von Zahlen und Daten den Überblick verloren hatte – Ivi und ich waren die einzigen ÖLV-Sportler, die sich für Singapur qualifiziert hatten. Während sich in Tirol Ehrung an Ehrung reihte, interessierte den Leichtathletikverband Rang 5 beim größten Nachwuchssport-Event der Welt nicht sonderlich.

Notiz von mir nahm man allerdings, wann immer es um die Festsetzung von Limits ging. Reichte dem internationalen Verband eine Saisonbestmarke von 3,80 Metern als Teilnahmeberechtigung für ein Großereignis, verlangte der ÖLV 3,95. Das betraf die anderen Aushängeschilder ebenso, war auch nicht böse gemeint, eher als Ansporn. Trotzdem wirkte es aus der Distanz betrachtet ein wenig bizarr auf mich. Das kleine Österreich, dieses Entwicklungsland in Sachen Leichtathletik, wo ohnehin meist nur eine Handvoll Sportler für eine Entsendung in Betracht kommt, verschärfte einfach mal so die internationalen Standards. Mich störte es im Normalfall nicht sonderlich, aber es konnte unangenehm werden, wenn man dem Limit hinterhersprang, statt sich gezielt auf den Saisonhöhepunkt vorbereiten zu können.

Ansatzweise ging es mir in den Jahren 2011 und 2012 so. Ich trainierte hart, aber die Fortschritte ließen auf sich warten. Viel zu lange. Auch Papa war irgendwann mit seinem

Latein am Ende, tourte einmal mehr durch Deutschland, um seine Informationsquellen anzuzapfen. Bei Herbert Czingon erhielt er die erhofften neuen Einsichten. „Was wollt ihr? Ihr stagniert doch. Seid zufrieden damit, andere machen in dieser Phase dramatische Rückschritte." Die „Phase", von der wir nichts wussten, entpuppte sich als Teil der körperlichen Entwicklung bei Mädchen und geht mit einer vorübergehenden Verminderung der koordinativen Fähigkeiten einher. Ob es mich getröstet hätte, wenn ich es am Beginn dieser Durststrecke erfahren hätte? Schwer zu sagen. Den Saisonhöhepunkt, die U20-Europameisterschaft in Tallinn, mit Rang 18 in den Sand zu setzen wäre vermutlich trotzdem kein Stimmungsaufheller geworden. Erstmals seit Beginn meiner Karriere musste ich ein Jahr ohne persönliche Bestleistung beenden. Zudem reichten die bei der Staatsmeisterschaft erzielten vier Meter nur für Rang 4. Nie davor und nie danach hatten vier Österreicherinnen in einem Wettkampf die magische Grenze überquert.

Gegen Ende der Saison zeigte sich einmal mehr, dass Innsbruck fernab aller Kommunikationsstränge lag. Zumindest jene des Leichtathletikverbandes dürften anderswo verlaufen. Nur per Zufall bekamen wir von einer Deadline Wind, die für Sportler den Unterschied zwischen glorreicher Zukunft und Karriereende ausmachte. Eilig füllten wir die Formulare aus, um meine Chance auf Aufnahme als Sportlerin ins Bundesheer per 1. Oktober 2012 zu wahren. Der ÖLV hatte es nicht für nötig erachtet, uns zu informieren, weil meine seitwärts zeigende Leistungskurve keinerlei Chance auf Aufnahme verhieß. Womit die Funktionäre für den Moment recht hatten, damit aber auch signalisierten, dass sie mir keine Trendwende für 2012 zutrauten. Mein Ansuchen dürfte offenbar rechtzeitig eingelangt sein, kurz darauf hielt ich nämlich die Einladung zur Musterung im Februar in Linz in Händen. Dort schnitt ich zwar nicht ganz so bravourös wie bei der im gleichen Monat abgelegten Matura ab, Tauglichkeitsstufe 8 (von 9) bescheinigte mir aber, den militärischen Anforderungen physisch locker gewachsen zu sein. Was noch lange nicht hieß, dass man mich im Oktober mit offenen Armen und allen militärischen Ehren empfangen würde. Darüber sollte meine sportliche Performance der nächsten sechs Monate entscheiden.

Eines war aber klar: so viel Zeit zu investieren, ohne dass etwas dabei rausschaute – das konnte es auf Dauer nicht sein. Und ohne soziale Absicherung durch das Bundesheer würde meine Karriere allenfalls auf Sparflamme weiterköcheln. Also machte ich mich allmählich daran, einen Plan B auszuhecken. Der sah als Alternative zum Spitzensport ein Medizinstudium an der Universität Heidelberg vor. Klar hätte es da in erreichbarer Nähe ein Trainingszentrum gegeben, aber zwischen Morphologie und Humangenetik wäre wenig Zeit geblieben, Stabhochspringen auch nur annähernd in der bisherigen Intensität weiter zu betreiben. Um dieses Szenario abzuwenden, offenbarte sich mir nur eine Chance: eine Top-Leistung beim Saisonhöhepunkt, der Junioren-Weltmeisterschaft Mitte Juli in Barcelona.

Ich hatte eine mäßige erste Saisonhälfte hingelegt, den ein oder anderen Wettkampf in den Sand gesetzt, war nie über 3,90 Meter hinausgekommen. Aber die Trainings vor Barcelona steigerten meine Zuversicht, ich fühlte mich gut vorbereitet und hielt damit auch nicht hinterm Berg. Zwei, drei Tage vor dem Abflug traf ich mich mit meinem Sportpsychologen Christopher Willis. Diese Zusammenarbeit währte seit Jugendtagen, mit ihm konnte ich mich immer über alles austauschen. Natürlich auch über Themen, die weit über den Sport hinausgingen. Ob es Streit mit Christoph oder der besten Freundin, Stress in der Familie gab – Chris hörte zu, regte zum Nachdenken an, erarbeitete mit mir Strategien. Und genau so sollte es auch sein. Weil Baustellen im sozialen Umfeld viel öfter als Leistungshemmer wirken als sportspezifische Faktoren wie falsche Trainingsschwerpunkte, Blockaden und Ähnliches. Diesmal aber unterhielten wir uns ausschließlich über Sport, über den nächsten, so entscheidenden Wettkampf. Ich eröffnete Chris, in Barcelona 4,10 Meter als Minimalziel anzupeilen, eigentlich 4,20 Meter überwinden zu wollen. Eine neue persönliche Bestleistung also, die sich gewaschen hatte. Er versuchte mich aus der Reserve zu locken, bezeichnete das Gelingen meines Vorhabens als „sehr unwahrscheinlich", weil Rekorde in der Drucksituation des Saisonhöhepunktes selten gelingen. Ich aber hielt an meiner Argumentation fest, wusste, dass im Training große Fortschritte feststellbar waren, ich das neue, höhere Level nur noch nicht im Wettkampf hatte umsetzen können. Damit gab er sich zufrieden, meinte, er wäre nur beunruhigt gewesen, wenn ich mich hätte verunsichern lassen.

In Barcelona trat endlich einmal ein rot-weiß-rotes Team in halbwegs ansehnlicher Größe an. Unter den elf, zwölf Qualifizierten fand sich sogar eine 400-Meter-Staffel, doch bis deren große Stunde gekommen war, hatten einige der Mitglieder längst w.o. geben müssen. Auch meine Zimmernachbarin konnte ihren Wettkampf nicht beenden. Nach einer im Abschlusstraining erlittenen Verletzung nahmen die Coaches Ivi nach fünf Bewerben des Siebenkampfes an der zehnten Stelle liegend aus der Wertung. Man wollte ihren Start bei den ein Monat später stattfindenden Sommerspielen von London, für die sie sich beim Mösle-Meeting in Götzis überraschend qualifiziert hatte, nicht gefährden. Ivi traf die Entscheidung hart, sie ist keine, die einen Wettkampf leichtfertig aufgibt. Mein Ruhetag zwischen Qualifikation und Finale diente somit unter anderem dazu, sie wieder aufzurichten.

Ich selbst konnte zu diesem Zeitpunkt zufrieden zwischenbilanzieren, hatte mich unter 29 Teilnehmerinnen als Elfte für das Finale qualifiziert, das vorrangige Ziel somit erreicht und dabei meinen persönlichen Rekord um vier Zentimeter auf 4,05 Meter geschraubt. Die ganze Weltmeisterschaft hatte bis dahin nichts zu wünschen übrig gelassen. Statt eines Wald- und Wiesenstadions mit eilig zusammengeschraubter Zusatztribüne, wie wir es sonst so oft im Nachwuchsbereich erlebten, hatte uns das prächtige Olympiastadion auf dem Montjuic empfangen. Dazu das Sommerwetter mit ungetrübtem Sonnenschein, wie ich es bei Wettkämpfen und Trainings immer liebte, ein Athletenhotel in Strandnähe und eine Stadt, die bekanntlich nicht mit Reizen geizt.

Dem großen Anlass entsprechend zelebrierte ich mein Wettkampfritual diesmal besonders ausgiebig. Zu den rosa Glückssocken, von denen mich bis zu sechs Paar begleiteten, über das Schweißband, das je nach Trikotfarbe in Weiß oder Rot gehalten war, bis hin zur pinken Hello-Kitty-Unterhose war alles vertreten, von dem ich überzeugt war, dass es zum Erfolg beitragen konnte. Auch beim Styling überließ ich nichts dem Zufall. Zur üblichen Schminkroutine und Mamas Haarflechtkunst zählten bei internationalen Anlässen rot-weiß-rote Fingernägel zum Pflichtprogramm. Diesmal legte sogar meine Teamkollegin Ivi Hand an. Sie verpasste mir für alle Fingernägel ein kleinkariertes Muster in den österreichischen Nationalfarben und garnierte das Kunstwerk mit Strasssteinen. Logisch, dass diese Form der Maniküre ein wenig mehr Zeit in Anspruch nahm. Die Stunde war jedenfalls gut investiert, grenzte schon fast an innere Einkehr.

Trotzdem fand ich im Finale nur mühevoll in den Wettkampf. Irgendwie hatte ich mir im Vorfeld schwergetan, Ziele zu setzen. Laut Entry List war ich der absolute Underdog, niemand sonst hatte 4,05 Meter als Personal Best vermerkt, ein paar wenige 4,10 – die meisten aber wesentlich imposantere Höhen. Prompt schwächelte ich bei 3,80 Metern, hatte schon zwei Versuche verbockt, als ich mir vor Augen hielt, dass ein Finale ohne gültigen Versuch nicht einmal für eine Endplatzierung reichen würde. Also riss ich mich am Riemen, blendete die Nervosität meiner Eltern auf der Tribüne aus, lief an, stoppte, ging zurück, lief wieder an – und schwang mich über die Latte. Zur Hitze hatte sich inzwischen eine ziemlich steife Brise gesellt. In Kombination mit der tief stehenden Sonne eine Herausforderung für die Mehrzahl der Athletinnen. Ich hingegen fühlte mich an das Universitäts- Sportinstitut Innsbruck erinnert. Auch dort läuft man spätnachmittags zunächst in der Sonne an, ehe mir auch die Böen aus wechselnden Richtungen vor, die dankenswerterweise aber immer auf Rückenwind drehten, wenn ich mich Richtung Einstichkasten in Bewegung setzte. Auch damit hatte ich mich in Innsbruck zu arrangieren gelernt. Drei, vier Jahre waren wir ohne Halle gewesen, mussten Wind und Wetter trotzen. Nun begann sich dieses Handicap einer beklagenswerten Infrastruktur für einen Abend ins Positive zu verkehren. Die deutsche Konkurrenz zum Beispiel, die sonst nur in der Halle oder bei Windstille im Freien, also quasi unter Laborbedingungen übte, bekam hingegen Probleme.

Während eine Mitfavoritin nach der anderen die Segel strich, vom Winde verweht, vom Licht-Schatten-Wechsel aus der Konzentration gebracht, nahm ich die nächsten Hürden im ersten Versuch. Ohne einen Gedanken daran zu verschwenden, wie hoch die Latte da eigentlich lag. 3,95 Meter; 4,05 Meter; 4,15 Meter. Am Ende hatte ich als Einzige im Feld bei herausfordernden Bedingungen eine persönliche Bestleistung aufgestellt – und beinahe eine Medaille geholt. Die Konkurrenz aus Italien und Australien meisterte 4,20 Meter jeweils erst im dritten Versuch, sonst wäre mir Bronze oder sogar Silber sicher gewesen. Für mich hatte der „undankbare" vierte Platz aber keinerlei schalen Beigeschmack, ganz im Gegenteil – er fühlte sich an wie ein Sieg. Denn einerseits hatte ich mein Ranking in der Meldeliste um neun Positionen getoppt, andererseits die beste ÖLV-Platzierung aller Zeiten bei Junioren-Weltmeisterschaften eingestellt – 1996 war Günther Weidlinger in Sydney über 3000 Meter Hindernis ebenfalls knapp an einer Medaille vorbeigeschrammt. Und – auch nicht ganz unwesentlich: Heidelberg würde mich so schnell nicht sehen, Medizinerin so bald auch keine aus mir werden. Flugs kramte ich Plan A aus der imaginären Schublade hervor. Profisport, du hast mich wieder! Oder eigentlich: weiterhin.

Das Beste an meinem Barcelona-Coup aber war: Er hatte am Abend des vorletzten Wettkampftages stattgefunden. Das restliche Team saß, weil nicht mehr ins Wettkampfgeschehen verwickelt, geschlossen auf der Tribüne und feuerte mich an. Und anschließend tauchten wir gemeinsam ins Nachtleben ab. Bis fünf Uhr früh trieben wir uns am Hafen herum, wo die Clubs, wie Perlen an einer Schnur aufgefädelt, um Kundschaft buhlen. Ich für meinen Teil hätte ja schon früher den geordneten Rückzug angetreten, aber als eine der Älteren im

Team ließ ich mich erweichen, darüber zu wachen, dass die jüngeren Teamkollegen wohlbehalten ins Hotel zurückkehrten. Es war ein harter Job, aber eine musste ihn ja machen.

Die Performance von Barcelona und der eine Woche später errungene erste Staatsmeistertitel in der allgemeinen Klasse trugen mir – neben einer Nachnennung durch den Verband beim Bundesheer – eine Einladung zur Premiere der Gugl Games ein. Das von Manager Robert Wagner wiederbelebte Linzer Leichtathletik-Meeting strahlte im Glanz der Stars der acht Tage davor zu Ende gegangenen Sommerspiele von London. Beim Abendessen im Hotel konnte ich meinen Blick kaum von den Lauf-, Sprung- und Wurfgöttern abwenden. Mit Kirani James (Grenada/400 m) und Felix Sanchez (Dominikanische Republik/400 m Hürden) standen zwei frisch gebackene Olympiasieger am Start (und gewannen), Justin Gatlin (USA/Bronzemedaillengewinner über 100 Meter) war auch eingeflogen, musste sein Rennen aber wegen eines Kreislaufkollaps absagen. Auch kein ganz Unbekannter: Oscar Pistorius, der zum damaligen Zeitpunkt ausschließlich wegen seiner Auftritte bei Olympischen und Paralympischen Spielen für Aufsehen sorgte. Meine prominenteste Konkurrentin kannte ich ebenso aus Film, Funk und Fernsehen: die regierende Weltmeisterin aus Brasilien, Fabiana Murer. 55 Zentimeter trennten uns am Ende, wobei ich mein damaliges Potenzial mit 4,10 Metern durchaus abzurufen vermochte.

Sechs Wochen später trat ich meinen neuen Job an: als Rekrutin beim Österreichischen Bundesheer. Aller Anfang war gar nicht so schwer, bei der vierwöchigen Grundausbildung im steirischen Gratkorn blieben Schikanen aus. Keine Nachtmärsche mit vollem Gepäck – alles, was uns von den Ausbildnern abverlangt wurde, war das Zurücklegen einer vier oder fünf Kilometer langen Strecke mit Helm und Waffe. Das „Sportlerregiment", das in Gratkorn strammstand, kannte sich in weiten Teilen von gemeinsam erlebten Großereignissen wie den Youth Olympic Games in Singapur. Ivona Dadic war ebenso einberufen worden wie Vicky Wolffhardt, Jakub Maly – und auch Lara Vadlau. Lara, Gehorsam und Uniformität, das passte, wie erwartet, nicht unbedingt wie die Faust aufs Aug. Als wir uns in einer bestimmten Adjustierung im Kasernenhof aufstellen sollten, trug Lara neben einer riesigen pinken Uhr eine Extrajacke – mit dem Hinweis, sie werde sich hier jetzt sicher nicht verkühlen. Immer und immer wieder ließen uns die Ausbildner antreten, das optische Erscheinungsbild blieb unverändert. Selbst die Mehrheit der Rekruten rollte bereits mit den Augen. Ob Lara das Teil am Ende aus- oder der Rest die Jacke anzog, kann ich nicht mehr sagen. Es sind unter anderem Verhaltensoriginaltäten wie diese, für die ich die Segel-Rebellin so mag.

Nicht alle von uns waren gleichermaßen für das Leben im Feld geeignet. Manche entpuppten sich beim Gefechtsdienst sogar als veritables Sicherheitsrisiko. Ivi durfte man getrost ein solches nennen. Denn jeder Angreifer wäre wohl dankbar, lautstark auf die Position der feindlichen Linien hingewiesen zu werden. Genau das hätte die bekennende Spinnen- und Insektenhasserin getan, indem sie spitze Schreie ausstieß, als sie in dem Busch, in dem sie sich verschanzt hatte, allerlei Kleingetier ausmachte. Ich hingegen fand Gefallen an der Bewegung an der frischen Luft, auch am Robben durch den Matsch, war ja, wie erwähnt, eher wie ein Bub erzogen worden. Am Ende der Grundausbildung stand die Angelobung vor dem Schloss Eggenberg. Man hätte die feierliche Stimmung durchaus genießen können, wenn da nicht das zweistündige Ausharren in der immer gleichen Position gewesen wäre. Nur gut, dass lediglich ein paar Fackeln die Szenerie erhellten. So wurden die kleineren und größeren Unzulänglichkeiten beim Stehen in Reih und Glied weniger offenbar. Lara musste der Angelobung übrigens wegen einer gerade überstandenen Knieoperation fernbleiben. Sie hatte sich unter nie restlos geklärten Umständen einen Kreuzbandriss zugezogen.

Einen Teil meines Präsenzdienstes leistete ich im Winter 2012/13 am Heeres-Leistungssportzentrum 04 auf der Linzer Gugl ab. Eine glückliche Fügung, denn in Innsbruck stand zu dieser Zeit wieder mal keine Halle zur Verfügung. Mein erster langer Aufenthalt in der „Fremde" und ohne bekannte Gesichter um mich erwies sich als halb so wild. Obwohl ich allein in einem Vierbettzimmer logierte, machte sich kaum Heimweh breit. Wäre mit meinen mittlerweile 19 Jahren allerdings auch ein bisschen seltsam gewesen. Punkto Training dockte ich bei Rainer Schopf an, bei dem ich intensiv an meiner Sprinttechnik feilte. Das Mittel zum Zweck: Sprungkrafttraining bis zum Abwinken. Rainers diesbezügliche Skills hatten schon die Runde gemacht, seit Frühjahr 2012 coachte er die südafrikanische Weltklassesprinterin Carina Horn, später Semifinalistin der Hallen-WM 2014 und Freiluft-WM 2015 über 100 Meter. Auch ihre persönliche Bestleistung kann sich sehen lassen: 11,06 Sekunden. Was mich an ihm überzeugte, war, dass er die biomechanischen Zusammenhänge, warum mich bestimmte Übungen weiterbringen, schlüssig und verständlich erklären konnte. Aus der Zusammenarbeit entstand die Idee eines gemeinsamen Winter-Trainingslagers in Carinas Heimat, die auch prompt umgesetzt wurde. Drei Wochen lang wohnte ich im Dezember bei ihrer Familie auf halbem Weg zwischen Johannesburg und Pretoria, trainierte im High Performance Centre an der Universität Pretoria, auf deren langer Alumni-Liste sich unter anderem Oscar Pistorius und 800-Meter-Ex-Weltmeisterin Caster Semenya finden. Tagsüber frequentierten wir zumeist die 400-Meter-Rasen-Laufbahn, abends nach den harten Einheiten regenerierten wir uns mit Carinas Eltern und ihrem Bruder beim Barbecue, beim Ripperl-Essen, Bowling oder sonst wie. Am freien Tag ließ ich mir auch den Besuch eines Tierreservates nicht nehmen.

Wenn man im Training einen Schwerpunkt setzt, zielstrebig an einer Sache arbeitet, bleibt etwas anderes meist etwas auf der Strecke. Mein Fokus auf die Lauftechnik mündete fast zwangsläufig in Rückschritten bei der Stabtechnik. Vermutlich weil die sich auf die um Nuancen höhere Geschwindigkeit nicht automatisch angepasst hatte. Folglich hatte ich zu Beginn der Saison 2013 mit leichten Startschwierigkeiten zu kämpfen. Ende Juni nützte ich aber meine erste Nominierung für eine Team-EM immerhin dazu, meinen Barcelona-Rekord einzustellen. Mangelnden Speed konnte man mir keinesfalls attestieren. Mit einer neuen Bestzeit von 14,13 Sekunden über 100 Meter Hürden verfehlte ich das Limit für die U23-EM nur um drei Hundertstel. Der Saisonhöhepunkt im finnischen Tampere verlief dann in meiner Paradedisziplin unspektakulär. Zumindest in Sachen Platzierung. Die Qualifikation überstand ich mühelos – mit der neuen persönlichen Bestleistung von 4,20 Metern. Im Finale war jedoch schon bei 4,15 Metern Schluss, was den mäßigen zehnten Endrang bedeutete. Eine Medaille lag mit 4,55 Metern zum damaligen Zeitpunkt aber ohnehin außer Reichweite. Ein Erfolgserlebnis versüßte mir dann wenigstens noch das Saisonfinale. Bei der U23-Staatsmeisterschaft in der Südstadt konnte mich nicht einmal die antiquierte Matte aus der Ära eines Hermann Fehringer, Rekordhalter bei den Herren seit bald 35 Jahren, stoppen. Ich überquerte 4,22 Meter im dritten Versuch – seit diesem 3. August 2013 befinden sich alle Nachwuchsrekorde in meinem Besitz. Auf der gleichen Anlage hatte ich ein knappes Jahr davor eines der skurrilsten Stabhochsprungerlebnisse verzeichnet. Den ganzen Nachmittag hatte ich Burschen, Herren und Mädchen zugesehen, wie sie sich mehr oder weniger gekonnt über die Latte hievten. Als ich dann als Letzte bei 3,80 Metern in den U20-Bewerb der Damen eingriff, war die September-Sonne schon im Untergehen begriffen. Ein Trainer aber wusste Rat und bahnte sich per Auto den Weg ins Stadion, um mittels Scheinwerfern den Anlauf auszuleuchten. Die Maßnahme erwies sich als für mich wenig erhellend, ich produzierte einen Nuller.

Der Quantensprung Richtung Weltklasse ließ 2013 auf sich warten. Aber ich hoffte doch, die Voraussetzungen dafür geschaffen zu haben. Auch durch eine nachhaltige Umstellung meines Kraft- und Stabilisationstrainings. Schon 2012 hatte Papa befunden, es sei nun Zeit, die Kraft nachhaltig weiterzuentwickeln. Bis dahin hatte ich nur mit Eigengewicht gearbeitet, ein behutsamer, aber ungleich langwierigerer Weg zu Muckis, Sixpack & Co. Marco Förster, damals Krafttrainer beim Eishockey-Top-Klub Innsbrucker Haie, hatte mich mit Vorübungen an die neuen Belastungen herangeführt. Ab März 2013, gleich nach der Rückkehr aus Linz, ging es dann in meinem neuen Trainingsumfeld auf dem Olympiastützpunkt Innsbruck so richtig zur Sache. Und das gleich unter den Fittichen der Trainerlegende Carson Patterson. Der gebürtige Kanadier legte bei unseren drei Einheiten pro Woche naturgemäß großes Augenmerk auf die technisch einwandfreie Ausführung der Übungen. Wobei er an meiner Technik wenig auszusetzen hatte und wir bald darangehen konnten, mehr Gewicht aufzulegen. Mich begeisterte das breite Angebot auf dem Stützpunkt; in allen leistungsrelevanten Bereichen wie Physiotherapie, Psychologie oder auch Ernährungsberatung standen mir eine ganze Menge erfahrener Experten zur Seite. Auch der permanente Austausch mit Athleten aus allen erdenklichen Sportarten von Bogenschießen über Golf bis Segeln erweiterte meinen Horizont. Was uns alle verband, war das Kraft- und Stabilisationstraining. Besonders montags fand sich regelmäßig eine illustre Runde zusammen, zu der auch Wintersportler wie Skeleton-Ass Janine Flock und die Rodel-Doppelsitzer Peter Penz/Georg Fischler zählten, wenn sie sich nicht gerade auf Wettkämpfen befanden. Innige Freundschaften entwickelten sich zu Kathrin Unterwurzacher und Bernadette Graf, Österreichs derzeit erfolgreichste Judoka, sowie zu den Taekwondo-Talenten Christoph Decker und Benjamin Reimeir. Ihre Besuche in der Klinik und auch während der Reha genoss ich sehr. Der Kontakt ist bis heute intensiv geblieben, ich freue mich über jeden ihrer Erfolge und leide mit, wenn sich Hoffnungen von ihnen nicht erfüllen.

Meine beste Freundin außerhalb des Sports heißt Nathalie und begleitet mich bereits gefühlte Jahrzehnte. Und sie zeichnet für die Wahl meines Studiums verantwortlich. Als wir uns an einem Spätsommerabend in Innsbruck für ein Glas Wein trafen, hatte ich gerade wieder Stunden über Studienplänen und Berufschancen gebrütet. Medizin war bereits von vornherein ausgeschieden, weil das Bundesheer nur vier Wochenstunden während der Dienstzeit erlaubte. Hochgerechnet würde das auf eine Studiendauer von geschätzt 58 Semestern hinauslaufen. Schon eher auf dem Radar hatte ich Psychologie, Biologie, Mathematik, vielleicht noch Biochemie. Doch Nathalie wischte alles mit einer Frage beiseite: „Warum nicht Pharmazie?" Ja, warum eigentlich nicht? Meine Recherchen der nächsten Tage bestärkten mich, die Entscheidung war bald gefallen. Seit Oktober 2013 bin ich als Pharmazeutin in spe inskribiert – und versuche, mir keinen großen Stress zu machen. Nach vier Semestern halte ich ungefähr bei der Hälfte des Bachelorstudiums. Mein Uni-Comeback habe ich nun für das Sommersemester 2017 geplant. Die Uni Innsbruck signalisierte bereits, mir einen Assistenten zur Seite zu stellen, der zum Beispiel sämtliche Handgriffe nach meinen Anweisungen im Labor erledigt. Eine nette Geste. Trotzdem wird das Studium, zumindest unmittelbar nach dem Re-Start, zu einer gewaltigen Herausforderung werden. Eineinhalb Jahre ohne wirklich nennenswerte geistige Betätigung haben mit Sicherheit Spuren hinterlassen. Aber ich kann ja immer noch sagen: „Sorry, ich bin bei dem Unfall leider auf den Kopf gefallen."

Nach wie vor lag mein Fokus aber ganz klar auf meiner sportlichen Laufbahn. Wobei Papa der Sinn nach Veränderung stand. Nach tiefgreifender, nachhaltiger Veränderung. Es dürfte sich bei ihm die Erkenntnis durchgesetzt haben, dass es nunmehr Input von außen brauchte, um mich an wesentlich größere Höhen heranzuführen. Unsere Wahl fiel Ende 2013 auf Herbert Czingon, ehemals deutscher, nun Schweizer Nationaltrainer. Mit ihm hatte Papa über all die Jahre Kontakt gehalten, sich unzählige Male ausgetauscht. Unsere Vereinbarung zielte auf eine verstärkte Begleitung des Techniktrainings ab. Mal auf dem Bundesamt für Sport im schweizerischen Magglingen, mal bei uns in Innsbruck. Viermal vier Trainingstage läpperten sich so zusammen. Viel

Geld wechselte dabei nicht den Besitzer, oft ließ sich Herbert uns zuliebe nur das Hotel zahlen. Erst als ich Ende 2014 ins Projekt „Team Rio 2016" aufgenommen wurde, konnten wir ihn endlich adäquat entlohnen. Ab diesem Zeitpunkt zeichnete Herbert auch für die Trainingsplanung verantwortlich und begann, meinen Sprung in großem Stil umzustellen. Ein Projekt, das er sich sicher leichter vorgestellt hatte. Oder sagen wir: weniger kontroversiell. Ich bin nämlich ein Gewohnheitsmensch. Wenn jemand von mir Veränderungen verlangt, ist er gut beraten, sie mir genau und gut zu erklären. Erschließt sich mir der Sinn nicht, muss man sich auf ausufernde Diskussionen einstellen. Dieses Nach- und Hinterfragen gilt in Trainer-Athleten-Beziehungen als eher unüblich. Viele Sportler nehmen Trainingsvorgaben einfach so hin: „Mach Kniebeugen mit 150 Kilo!" Oder: „Spring mit dem anderen Bein ab!" Das war mit mir nicht zu machen, ich musste schon überzeugt werden. Schon möglich, dass sich Herbert daran erst gewöhnen musste.

2014 beließen wir es dabei, an der Aufrollbewegung und an der Umstellung von 14 auf 16 Schritte im Anlauf zu arbeiten. Letztere legten wir allerdings nach zwei Bewerben ad acta, weil ich die Geschwindigkeit mit der neu erlernten Technik noch nicht verwerten konnte, immer wieder in alte Muster zurückfiel. Die Hallensaison ließ ich mehr oder weniger sausen, die IAAF hatte die Limits für die WM in Sopot (Polen) mal wieder in schwindelerregende Höhen schnellen lassen. 4,71 Meter waren gefordert, im Endeffekt reichten 4,50 Meter, um das Feld auf die minimale Größe von zwölf Athletinnen zu pimpen. Die Norm für mein erstes Großereignis in der allgemeinen Klasse, die Freiluft-EM in Zürich, war mit 4,35 Metern vergleichsweise moderat angesetzt. Aber springen musste man das Limit auch erst, zumal es sich 13 Zentimeter über meiner bisherigen Bestleistung befand.

Richtig spannend machte ich es diesmal nicht. Schon am 28. Juni blieb die Latte beim Limitversuch im Rahmen der Tiroler Meisterschaften artig liegen. EM-Qualifikation – check! Drei Wochen später kam ich sogar meinem erklärten Ziel, alle österreichischen Rekorde in meinen Besitz zu bringen, einen entscheidenden Schritt näher. In Linz, vierter Schauplatz der Austria-Top4-Meetingserie, empfingen mich einmal mehr meine Lieblingsbedingungen: trocken, sonnig, heiß. Ich ging in dieser Zeit stets ohne Umschweife auf Doris Auers 14 Jahre alten Outdoor-Rekord los. Hatte ich den Sieg in der Tasche, ließ ich 4,41 Meter auflegen. Schlicht und ergreifend, um Energie zu sparen. Von meiner Trainingsperformance wusste ich, dass ich die Marke locker draufhatte. Aber ich posaunte es nicht raus, empfand es immer als hochgradig lächerlich, wenn Athletinnen von ihren sagenhaften Trainingsleistungen schwärmten, im Wettkampf aber an Höhen scheiterten, die einen halben Meter unter ihren angeblichen Heldentaten lagen. Ich aber schöpfte in Linz mein Potenzial aus, knackte den Rekord – damit galt es nur mehr die ÖLV-Bestmarke in der Halle zu erobern.

Meine Vorfreude auf die Europameisterschaft in Zürich wuchs mit jedem Tag. Man konnte bequem mit dem Auto anreisen, jeder sprach Deutsch, es war eine mir unbekannte Stadt, in der man am freien Tag auf eine kleine Entdeckungsreise gehen konnte (was man dann vor lauter Anspannung ohnehin nie tat), das bekannt fachkundige Publikum am Letzigrund, dem vielleicht legendärsten Leichtathletikstadion überhaupt – mein erstes Großereignis, dessen war ich mir sicher, würde das reinste Vergnügen werden. Für die Zuschauer auch, wenngleich ein teures. 120 Franken, also in etwa 110 Euro, galt es für das Halbtagesticket zu berappen, 700 Franken für das gesamte Package. Was offensichtlich selbst den Schweizern, die punkto Preisniveau bekanntermaßen einiges gewöhnt sind, ein wenig übertrieben vorkam, was man an den mitunter recht schütter besetzten Tribünen ablesen konnte.

Die unmittelbare Wettkampfvorbereitung hatte schon Wochen vor den Titelkämpfen begonnen. Die Organisatoren hatten alle Verbände darüber informiert, dass der Letzigrund mit einem überaus schnellen, harten Belag bestückt sein würde, womit herkömmliche Pyramidenspikes die gewohnte Trittfestigkeit würden vermissen lassen. Empfohlen wurden sogenannte Dornenspikes, dünn und spitz, die sich in den betonartigen Untergrund eingraben konnten. Ein Lokalaugenschein im Stadion bestätigte das, woraufhin sich im Österreicher-Hotel ein reger Tauschhandel mit den Tritthilfen in Gang setzte. Am Ende des Tages waren auch all jene versorgt, die das Schreiben nur überflogen hatten.

Die Stabhochsprung-Qualifikation der Damen war für 10.30 Uhr am Eröffnungstag angesetzt. Zwei Anlagen standen für die 28 Athletinnen aus 15 Nationen bereit. Eine näher an der Tribüne, eine näher am Stadionrasen. Ich bekam Erstere zugewiesen, was ganz nach meinem Geschmack war, weil Papa so eine bessere Sicht auf meine Sprünge hatte. Schon beim Einspringen hielt ich einige Momente inne, um mir vor Augen zu führen, wo ich mich hier beweisen durfte. Rund um mich tummelten sich Sportlerinnen, die ich noch vor Kurzem als meine Vorbilder bezeichnet hätte. Denen man zusieht, bevor man staunend fragt: „Wie hoch ist das denn?" Mir kam es vor, als wäre es noch gestern gewesen, als ich diese Top-Leute außer Reichweite wähnte, und heute waren sie meine direkten Konkurrentinnen. Bei aller Ehrfurcht – ins Finale wollte ich trotzdem, gern auch auf Kosten der einen oder anderen etablierten Gegnerin. Der Underdog aber war ich allemal,

19 der 27 Teilnehmerinnen waren in dem Jahr schon höher gesprungen als ich bei meinem Linzer Rekord.

In den Tagen vor der Quali hatten wir mehrfach hin und her überlegt, welche Höhe wohl fürs Finale der besten zwölf reichen würde. Papa und ich gingen von 4,40 Metern aus, doch als zwei Tage vor dem Wettkampf die Sprunghöhen veröffentlicht wurden, zeichnete sich ab, dass wohl 4,45 Meter nötig sein würden. Mir war's egal, ich stand bereit, zur Not auch 4,50 Meter zu überqueren. Ich hatte 4,15 Meter als Anfangshöhe gewählt, meisterte sie wie 4,25 Meter im ersten Versuch. Für 4,35 Meter benötigte ich einen mehr, auch 4,45 Meter riss ich im ersten Versuch. Aber so knapp, dass meine Motivation ins Unermessliche stieg. Ich würde diese Höhe schaffen, neuen ÖLV-Rekord aufstellen, ins Finale einziehen. Done! Nur mit dem Finale spießte es sich noch. 13 hatten 4,45 Meter übersprungen, für den Kampf um die Medaillen waren aber nur zwölf vorgesehen. Lange 20 Minuten später verkündete die Wettkampfleitung: „Ihr seid alle im Finale!" Die frohe Kunde klang wie Musik in meinen Ohren.

Nebenbei machten sich Finaleinzug und Rekord ganz hervorragend als Geschenk für meinen 21. Geburtstag. Den beging ich am Tag danach – mit einer Dopingkontrolle. Keine perfide Schikane, sondern obligatorische Pflicht nach jedem Rekord. Überraschender kam da schon die kleine Aufmerksamkeit der Volunteers, die mich mit einem kleinen Geburtstagskuchen beglückten. Ansonsten versuchte ich, mit meiner Energie hauszuhalten – vom Tonisierungstraining abgesehen, das ich traditionell am Tag vor dem Wettkampf abspulte, um die Muskeln auf Spannung zu bringen, mir die Spritzigkeit für den Ernstfall zu holen. Mission completed, am Abend fühlte ich mich fit wie ein Turnschuh.

Am Rande bekam ich mit, dass meine Performance vom Vortag auch in der Heimat nicht ganz unbemerkt geblieben war. Die „Tiroler Tageszeitung" hievte mich sogar aufs Titelblatt – eine Premiere. Auch das Medieninteresse vor Ort überstieg alles bisher Gekannte. Gestört hat mich all das gar nicht – ganz im Gegenteil. Ich bekenne offen und ehrlich: Ich bin immer schon gerne im Mittelpunkt gestanden, habe es genossen, Interviews zu geben, Einblick zu gewähren in das, wie ich finde, schon ganz interessante Leben einer Spitzensportlerin. Wenn ich Athleten sagen hörte, sie würden ihren Sport nur für sich betreiben, fand ich das immer einigermaßen befremdlich. Auf mich umgemünzt, hätte das geheißen: „Stabhochspringen kann ich schon sehr gut, aber jedem zeigen will ich es eigentlich nicht." Bizarr. Ich habe mich gefreut, wenn Filmteams mein Training begleiteten, mich der ORF zu „Sport am Sonntag" oder Servus TV zu „Sport und Talk im Hangar 7" einlud. Oder dass das „Sportmagazin" ein stylishes Fotoshooting für mich inszenierte. Professionell geschminkt zu werden, sich wie ein Model auf dem Set zu fühlen – kann dem nicht jede Frau ab und zu etwas abgewinnen? Mal abgesehen davon, dass diese Art der Aufmerksamkeit fürs Selbstbewusstsein so übel nicht ist.

Der Sprung über die Wahrnehmbarkeitsschwelle half mir im Finale am nächsten Tag aber auch nicht weiter. Schon vom Einspringen weg stand ich neben mir. Die meisten Versuche brach ich bereits vor oder unmittelbar nach dem Einstechen ab. Wenn ich die Schnur (die beim Einspringen anstelle einer Latte verwendet wird) einmal ordnungsgemäß überquerte, war's viel. Irgendwann ließ ich das Warm-up sein, weil ich wusste: Jetzt noch einen Testsprung, und ich brauche gar nicht erst anzutreten. Der Energiepegel bewegte sich längst im roten Bereich. Ganz klar: Auch die ungewohnt mächtige Anfangshöhe machte mir zu schaffen. 4,35 Meter – da musste ich schon erst einmal schlucken. Der Tag, an dem ich die Marke erstmals geknackt hatte, lag schließlich erst sechs Wochen zurück. Und so kam es, wie es kommen musste. Drei Fehlversuche, Salto nullo, wie man so unschön sagt. Ich war doch ziemlich traurig, weil ich seit 2012 eigentlich immer in der Lage gewesen war, das zu springen, was ich draufhatte, meine Leistung immer gebracht hatte, Nuller bei mir generell sehr selten waren. Und weil die Wiederholung meiner Vorkampfleistung (4,45 m) bereits Rang 5, 6 oder 7 bedeutet hätte. Am nächsten Tag aber hatte ich mich damit abgefunden, das Finale unplatziert beendet zu haben, wiewohl mich die Medien beharrlich auf Rang 12 reihten. Ändern konnte ich sowieso nichts mehr an der Misere. Im Grunde verhält es sich mit einem Salto nullo wie mit einem brechenden Stab. Jeder Springer fürchtet sich davor, jeder weiß, dass es im Laufe einer Karriere irgendwann passieren wird. Da ist es fast besser, du bringst es in jungen Jahren hinter dich und lernst, dass sich die Welt trotzdem weiterdreht.

Für das mit 13 Athleten ungewohnt große ÖLV-Team blieb mein Finaleinzug am Auftakttag trotz eines elften (Jennifer Wenth über 5.000 m) und zwölften Ranges (Dominik Distelberger im Zehnkampf) die erfreulichste Leistung der EM-Woche. Und das ließ man mich auch spüren. Anders als im Nachwuchsbereich wurde mir seitens der Teamführung viel Wertschätzung entgegengebracht. Auch die meisten Athleten freuten sich mit mir; bei einzelnen hatte ich aber das Gefühl, dass sie sich mit dem Gratulieren ein wenig schwertaten. Bei Hürdensprinterin Beate Schrott konnte ich mich dieses Eindrucks nicht erwehren. Sie galt nach EM-Rang 4 2012 (nach der Disqualifikation der türkischen Siegerin seit 2015 Bronze) und ihrem Olympia-Finaleinzug zwei Jahre lang als uneingeschränkter Star der rot-weiß-roten Leichtathletikszene, war verletzungsbedingt aber in eine Abwärtsspirale geraten, die ihr in jeder Hinsicht zu schaffen machte. Ich bewunderte Beate für ihre Kraft, neben ihrem kometenhaften sportlichen Aufstieg das Medizinstudium in Mindeststudienzeit durchgezogen zu haben. Weniger beeindruckten mich dagegen ein paar wenige gemeinsame Trainings in Wien und auf Teneriffa. Sie zankte sich viel mit ihrem Trainer, der – schwierig genug – gleichzeitig ihr Ex-Partner war, schien in den Trainingseinheiten kaum jemals zufrieden zu sein und sehr selten Spaß zu haben. Das wäre mir als Motivation zu wenig gewesen. Man übt seinen Sport doch aus, weil man Freude daran hat! Ich bin auch nicht immer mit unbändiger Lust in jedes Training gegangen – aber dann motivierte man sich gegenseitig, sodass man am Schluss immer sagen konnte: „Eigentlich war's lässig!" Im persönlichen Kontakt mit Beate gab es aber nie ein Problem, wir haben einige gute Gespräche geführt. Nach meinem Unfall zeigte sie aber eine ganz liebe Seite – ich freute mich sehr über ihre Videobotschaft zum Geburtstag und das mitgebrachte Maskottchen von der WM in Peking. Auch wirkt sie seit ihrem Wechsel in die internationale Trainingsgruppe von US-Coach Rana Reider wie befreit. Ihre Facebook-Postings vermitteln sehr viel mehr Spaß, obwohl sie mit den Zeiten, die sie zuletzt lief, erst sehr zögerlich an ihr früheres Level anschließt.

Durch schwere Zeiten ging auch meine Freundin Ivona Dadic. Sie schloss sich nach London der Trainingsgruppe von Jessica Ennis-Hill in Sheffield an, wurde aber immer wieder durch langwierige Verletzungen zurückgeworfen. Als sich die britische Olympiasiegerin dann in die Babypause verabschiedete, schien Toni Minichiello zusehends die Motivation als Trainer abhandenzukommen. Erst als Ivi Ende 2014 nach Österreich zurückkehrte, bei Nationaltrainer Gregor Högler und Headcoach Philipp Unfried anheuerte, ging es wieder bergauf. Als meine Zimmerkollegin wurde sie in Zürich von Jenny Wenth vertreten. Wir waren das Erfolgszimmer und hatten eine tolle Zeit, weil sie ähnlich unkompliziert wie Ivi ist. Auch Jenny wusste, was sie an mir hatte. In einem Interview mit der „Austria Presse Agentur" schwärmte sie in den höchsten Tönen, dass ich bei jedem Großereignis in Hochform und deshalb ein Vorbild sei, weil ich mit allem so cool umgehe. Jenny hingegen hatte man noch in Zürich getrost als Nervenbündel bezeichnen können. Bei der Hallen-EM im März 2015 in Prag erschien sie mir jedoch bereits deutlich abgeklärter. Wenn ich einen Beitrag dazu hatte leisten können, würde es mich freuen. In Zürich hatte ich ihr zu vermitteln versucht, dass man sich auf einen wichtigen Wettkampf doch freuen müsse, weil man ja genau darauf hintrainiert hatte. Und dass auch ich nervös und kribbelig war, das aber auch brauchte. Im Übrigen gebührt Jenny meine größte Hochachtung. 3000 oder 5000 Meter im Höchsttempo zu laufen empfinde ich als Quälerei pur. Ich habe nie verstanden, warum man so etwas macht.

Mangels anderer Erfolgserlebnisse der heimischen Leichtathletik zog mein Vordringen in die erweiterte europäische Stabhochsprung-Spitze weitere Kreise als erwartet. Als wir uns kurz nach der EM einen Familienurlaub am Lago Maggiore gönnten – mittlerweile leisteten wir uns längst Apartments anstelle des Zeltes auf dem Campingplatz wie früher

–, erhielt ich einen Anruf von Tom Herzog. Der frühere Kompagnon von Anna Fenningers Ex-Manager Klaus Kärcher eröffnete mir, dass er den Aufbau einer Sportleragentur in Österreich beabsichtigte und mich als seine erste Athletin für Tom Sports Consulting in Erwägung zog. Ich befasste den „Familienrat" mit der Frage, ob ich überhaupt eines Managers bedurfte, und wir kamen überein, dass es zum jetzigen Zeitpunkt wohl noch nicht notwendig war, aber dass es nicht schaden konnte, Vorsorge zu treffen, weil die Notwendigkeit einer professionellen Vermarktung vielleicht in einem Jahr gegeben war. Ein weiser Entschluss. Nach zwei Treffen waren wir handelseins. Das Schicksal wollte es, dass ich ab Sommer 2015 tatsächlich dringenden Bedarf an einem Manager hatte. Allerdings aus anderen Gründen und mit anderen Zielsetzungen, als ich sie mir gewünscht hätte. Die Herausforderungen, die der Unfall auf vielfältigen Ebenen mit sich brachte, wäre ohne Hilfe von außen niemals zu bewältigen gewesen. Und Tom erledigte in diesem Bereich einen außerordentlich guten Job.

Im Spätherbst 2014 war die Erntezeit für meinen ersten Achtungserfolg in der allgemeinen Klasse gekommen. Das von ÖSV-Präsident Peter Schröcksnadel koordinierte Förderprojekt Rio 2016 hatte mich für würdig befunden, substanzielle Mittel für meine Olympiavorbereitung lockerzumachen. Vom Österreichischen Leichtathletikverband wiederum wurde ich zur Leichtathletin des Jahres gekürt. Selbst bei der Wahl zur österreichischen Sportlerin des Jahres belegte ich den ehrenvollen 19. Platz, gleichauf mit Kathrin Zettel, die in der Bewertungsperiode immerhin Olympiabronze im Slalom zu Buche stehen hatte. Ausruhen wollte ich mich auf diesen zar-

ten Lorbeeren klarerweise nicht. Die Intensivierung der Zusammenarbeit mit Herbert Czingon war durch den erweiter-
ten finanziellen Handlungsspielraum beschlossene Sache. So

rückte ich auch näher an sein Schweizer Nationalteam heran. Ein gemeinsames Trainingslager im italienischen Formia im November bildete den Auftakt für das neue Niveau unserer Zusammenarbeit. Mich zu integrieren war meine leichteste Übung. Mit Angelica Moser, EYOF-Siegerin 2013 und Olympiasiegerin bei den Jugendspielen 2014, befand ich mich von Beginn an auf einer Wellenlänge.

Viel versprach ich mir auch von einem Kurzbesuch im mittelhessischen Wetzlar. Ich hielt die Zeit für gekommen, an meinen Defiziten im turnerischen Bereich zu arbeiten. Und wer wäre berufener, sie mir auszutreiben, als ein Olympia-Medaillengewinner, früherer Welt-, oftmaliger Europameister und langjähriger Coach? Die Idee dazu hatte Tom gehabt, der sogleich seine Kontakte zu Klaus Kärcher spielen ließ, der Deutschlands Turn-Aushängeschild unter Vertrag hatte. Ein paar Wochen später stand er vor mir – gefühlt ebenso breit wie hoch: Fabian Hambüchen. Im Vorfeld war ich skeptisch gewesen: Was sollte ein Turn-Weltmeister mit jemandem wie mir anfangen? Fabians Vater und gleichzeitig sein Trainer aber zerstreute meine Bedenken. Sobald Wolfgang Hambüchen gehört hatte, dass ich die Riesenfelge auf dem Reck beherrsche, hielt er jeden Zweifel für unangebracht. Er bereitete sich akribisch auf mich vor, ließ sich Videos meiner Sprünge zusenden und erarbeitete ein ausgeklügeltes Trainingsprogramm, welches er uns am Abend vor der ersten Session in der nicht hypermodernen, aber sehr funktionellen Turnhalle präsentierte. Wolfgang eröffnete uns, dass die Mehrzahl seiner Übungen darauf abzielen würde, mir zu mehr Bauchspannung in der Absprungphase zu verhelfen. Sollte mir recht sein.

Zwei dreistündige Trainingseinheiten hatte man für mich anberaumt. Zuerst standen Aufwärmübungen auf dem Programm, vorbereitende Elemente auf dem Boden, Handstände, Stretch- und Dehnübungen, um auszuloten, wie beweglich ich war, welche Muskeln vorhanden waren, und Ähnliches. Wolfgang entpuppte sich als echter Sir, entschuldigte sich ein paar Dutzend Mal, weil er mich wiederholt anfassen musste, um die richtige Ausführung der Übungen zu überwachen. In der Folge machten wir praktisch alle Turngeräte durch, die für mich als Stabhochspringerin von Nutzen sein konnten. Jene für die Herren nämlich, wie Reck und Ringe, auf dem Schwebebalken herumzuspazieren, ließen wir aus. Hinzu kamen Seilklettern, eine Trampolinsession und vieles mehr. „Fabi" hatte sein Training komplett auf mich abgestimmt, war immer sofort zur Stelle, um Übungen vorzuzeigen, die ich nicht auf Anhieb verstand, half mir, wenn Wolfgang mal wegen Telefonaten unabkömmlich war. Zum Schluss durfte ich meine Lieblingsübungen noch einmal durchturnen. Vater und Sohn Hambüchen attestierten mir eine tolle Körperbeherrschung und bestätigten, nun auf dem Stand einer Turnerin zu sein, die ihre Karriere begann.

Der Aufenthalt bei einem der weltbesten Turner brachte mir die erhofften Einsichten und jede Menge konkrete Inputs, die ich in mein Training einfließen ließ. Besonders wirksam: die Hilfsmittel zum Selberbasteln. Wolfgang Hambüchen, ein wahrer Tüftler vor dem Herrn, hatte mich auf allerhand Gerätschaften hingewiesen, die ich zum Teil abfotografierte und die Papa daraufhin nachbaute. Drei solcher Vorrichtungen bereicherten von da an meinen Trainingsalltag. Aufgrund des durchschlagenden Erfolges hatten wir eine Wiederholung des etwas anderen Trainingskurses fix eingeplant, „Fabi" wiederum war wild entschlossen, sich im Rahmen eines Gegenbesuches an den Stabhochsprung heranzuwagen. 3,50 Meter hätte ich ihm zugetraut, doch damit wollte er sich nicht zufriedengeben. „Innerhalb von drei Tagen springe ich vier Meter – das garantiere ich dir." Schade, dass ich nicht mehr in der Lage sein werde, ihm vorzuzeigen, wie er seinen vollmundigen Worten Taten folgen lassen kann.

Die vielen kleinen Schrauben, an denen wir im letzten Jahr gedreht hatten, dürften ihre Wirkung nicht verfehlt haben. Ich startete so gut wie noch nie in die Hallensaison, brachte gleich beim ersten Meeting in Magglingen das Limit für die Hallen-EM in Prag (4,25 m) unter Dach und Fach. Auch die weiteren Formüberprüfungen verliefen zufriedenstellend. Beim Gugl Indoor Meeting erzielte ich mit 4,40 Metern sogar persönliche Bestleistung und egalisierte diese drei Wochen später in Zweibrücken. Ich fühlte mich gewappnet für das erste Saison-Highlight, liebäugelte insgeheim sogar mit einer Spitzenplatzierung. Denn Hallen-Europameisterschaften können üblicherweise mit der Freiluftversion nicht konkurrieren. Zu viele schenken sich die Titelkämpfe zugunsten eines ausgedehnteren Vorbereitungsprogrammes für die Sommersaison. Diesmal verhielt es sich, zumindest im Stabhochsprung, umgekehrt. Im Endeffekt musste man für eine Medaille 4,70 Meter und damit um zehn Zentimeter höher als in Zürich springen. In der Startliste fanden sich 14 Athletinnen mit einer Saisonbestleistung von 4,50 Metern und höher. Die Qualifikation für das Finale der elitären Top 8 würde kein Honiglecken werden, so viel stand fest.

Meine zweite Höhe verlangte mir gleich alles ab – 4,45 Meter. Damit wäre der letzte Rekord von Doris Auer Geschichte. Ich hatte gemerkt, dass mein Stab nicht die nötige Härte aufwies, um eine solche Höhe zu meistern. Grundsätzlich gilt: je weicher das Sprunggerät, also je leichter es durchzubiegen ist, desto später bzw. weiter hinten erreicht man den Höhepunkt der Flugkurve. Meist erst dann, wenn man die Latte bereits gerissen hat. Deshalb griff ich zu einem härteren Stab, dem härtesten, den ich besaß. Der hatte natürlich die Angewohnheit, mich senkrechter nach oben zu katapultieren, allerdings mit weniger Tiefe ¬– was eine Landung ganz vorne auf der Matte, womöglich in Nähe des Einstichkastens, bedeuten konnte. Und so kam es dann auch bei meinem zweiten Versuch. Irgendwie blieb ich mit Knie und Schienbein an der Latte hängen, und schon ging es steil bergab. Bedauerlicherweise mit dem Kopf voran. Zum Glück detonierte ich in dem dem Einstichkasten benachbarten Seitenteil der Matte. Als der Horrorsprung auf der Videowall mehrmals wiederholt wurde, wendeten sich die Zuschauer in der Halle, so wurde mir jedenfalls berichtet, entsetzt ab. Vollgepumpt mit Adrenalin, das mein Schmerzempfinden offensichtlich eine Zeit lang lahmgelegt hatte, stand ich Minuten später schon wieder im Anlauf, was Zuschauer und Konkurrenten mit ungläubigem Staunen quittierten. Noch perplexer aber waren die Anwesenden, als die Latte im dritten und letzten Versuch anstandslos liegen blieb. Emotion pur! Ein großes Ziel war damit abgehakt. Seit diesem Tag trugen sämtliche österreichische Stabhochsprungrekorde einen Namen – Kira Grünberg.

Nachdem ich 4,45 Meter aber so was von deutlich übersprungen hatte, wollte ich diesen Flow gleich nutzen, um das fünf Zentimeter höhere WM- und Olympialimit von der To-do-Liste zu streichen. Aber dann entfaltete der Absturz seine volle Wirkung. Mit dem Adrenalin verflüchtigte sich auch die Kraft, gleichzeitig ging der Fokus im Kopf flöten. Fürs Finale wären 4,55 Meter im ersten Versuch nötig gewesen, in diesem Zustand eine „Mission impossible". Auf der Heimreise erhielt ich einen Anruf von Tom, der mich zu überreden versuchte, die Wirbelsäule röntgen zu lassen. Ich wiegelte ab – alles halb so wild. Blaue Knie, verrissener Nacken, ein bisschen Kopfweh – deswegen muss man ja nicht gleich auf schwer verletzt machen. Die Wahrheit aber ist: Verglichen mit meinem Absturz vom 30. Juli war jener vom 6. März in Prag der ungleich dramatischere, furchteinflößendere. Er hätte ohne Weiteres zu einer schweren Verletzung führen können.

Das Training für die Freiluftsaison verlief so optimal, dass sich vor dem ersten Meeting im baden-württembergischen Bönnigheim große Zuversicht bei mir einstellte. Ich hatte reihenweise Höhen bis zu 4,60 Meter gemeistert, obwohl man mich nicht gerade als Trainingsweltmeisterin bezeichnen konnte. Demzufolge war ich mir nahezu sicher, das WM-Ticket beim ersten Antreten zu lösen. Aber es kam anders. Schon das Einspringen in Bönnigheim – ein Desaster. Der Anlauf passte überhaupt nicht, ich hatte völlig das Timing verloren, leistete mir gleich bei der Anfangshöhe drei Fehlversuche und hatte danach das Gefühl, wieder bei null beginnen zu müssen.

Es dauerte einen Monat, bis ich wieder einigermaßen in Schuss kam. Die Golden Roof Challenge vor dem Goldenen Dachl in Innsbruck fiel leider genau in diese Periode. Dort hatte man, quasi als Hommage an mich, erstmals einen Damenbewerb ins Programm integriert. Nie zuvor hatte ich bei einem „Heimspiel" vor einer so beeindruckenden Kulisse an den Start gehen dürfen. Leider gelang mir nur ein herzeigbarer Sprung – über die vergleichsweise bescheidene Höhe von 4,20 Metern. Sicher, es war kein lauschiger Mai-Abend, und geregnet hatte es auch, die Bodenschwingungen der mobilen Anlage waren ebenso gewöhnungsbedürftig, weil sie einen je nach Gewicht und Schrittfrequenz einmal beschleunigen, einmal bremsen – ein bisschen mehr hätte ich den Fans aber schon gern geboten. Wobei mir schon öfter aufgefallen war: Bei bedeutenden Meetings im Ausland konnte ich meine Leistung meist abrufen, mitunter Rekorde erzielen, in Österreich gelang mir das nur vereinzelt. Die Stadionsprecher hatten es sicher immer gut gemeint, aber ihre Aufforderung ans Publikum, mich einzuklatschen, weil es jetzt ums Limit, um den Rekord oder gar um beides ging, hatte nicht unbedingt für mehr Lockerheit bei mir gesorgt.

Bis zu den European Games in Baku hatte ich mich wieder einigermaßen gefangen. Wobei „European Games" recht hochtrabend klang und sich bei näherem Hinsehen als Mogelpackung entpuppte. In der Leichtathletik etwa blieb die Teilnahme Nationen wie der Slowakei, Zypern, Albanien, Gastgeber Aserbaidschan und auch Österreich vorbehalten. Der Glamour-Faktor hielt sich bei diesem Europacup der dritten Liga in Grenzen – was auch der Blick ins imposante, aber halb leere Stadion bewies. Für Österreich stand dieses neue Wettkampfformat von Beginn an unter keinem guten Stern. Einen Tag vor der Eröffnung war die 15-jährige Synchronschwimmerin Vanessa Sahinovic am Rande des Athletendorfes von einem Bus gerammt und schwer verletzt worden. Der Lenker gab an, Gas- und Bremspedal verwechselt zu haben. Wir, die wir zu diesem Zeitpunkt noch auf die Abreise warteten, sahen das ins Netz gestellte Unfallvideo mit Fassungslosigkeit und Entsetzen. Zwei Tage später kristallisierte sich heraus, dass Vanessa wohl ein Leben lang mit den Folgen konfrontiert sein würde. Nach ihrer Überstellung nach Wien wurde ein Bruch des zwölften Brustwirbels und daraus folgend eine Querschnittslähmung diagnostiziert. „Querschnittslähmung" hieß für mich damals: nicht gehen zu können. Schlimm genug. Welche weiteren Beeinträchtigungen, welche ungeahnten Herausforderungen je nach Höhe des gebrochenen Wirbels sich einem stellen konnten, sollte sich mir erst später erschließen.

Als wir Leichtathleten Baku erreichten, waren die European Games längst in Schwung gekommen, die Abläufe hatten sich eingespielt, die Organisatoren gaben sich kaum eine Blöße. Die aserbaidschanische Hauptstadt hatte sich herausgeputzt, so gut das im Eilzugstempo eben möglich gewesen war. An den autobahnbreiten Boulevards beeindruckten Prachtbauten jüngeren Datums, aber einen Steinwurf vom Athletendorf versperrte lediglich eine Betonmauer die Sicht auf ein Elendsviertel, das von Wellblechhütten dominiert wurde. Enttäuschend verlief mein Ausflug zum Olympischen Feuer. Die Uferpromenade präsentierte sich fast menschenleer, tote Hose am Kaspischen Meer, zumindest vor Sonnenuntergang – danach soll die Szenerie dort zum Leben erwacht sein. Auch sportlich mussten wir einen Dämpfer hinnehmen. Ich gewann zwar mit 4,35 Metern den Stabhochsprungbewerb, versuchte mich dann noch erstmals am Olympialimit von 4,50 Metern, aber Paralympics-Sieger Günther Matzinger wurde im letzten Bewerb, den 4x400 Metern, von einem Konkurrenten das Staffelholz aus der Hand geschlagen, wodurch unser Team Gold um 0,5 Punkte verpasste. Niemand machte Günther einen Vorwurf, jeder andere, der seine Disziplin nicht gewonnen hatte, hatte die gleiche Möglichkeit, diesen einen Punkt mehr sicherzustellen. Der Stachel der „Niederlage" saß tief, aber nur vorübergehend. Vier Monate später wurde ein aserbaidschanischer Hammerwerfer nachträglich wegen Dopings disqualifiziert, Österreich erbte den Sieg auf dem grünen Tisch.

Das Jahr 2015 eröffnete mir die letzte Gelegenheit, bei einem internationalen Nachwuchs-Event groß abzusahnen. Eine Medaille natürlich, die noch nie so abholbereit dalag wie bei der U23-EM Anfang Juli in Tallinn. Tatsächlich fand sich mein Name in der Entry List ziemlich weit oben, erstmals war ich nicht gezwungen, die Quali als vollen Wettkampf zu sehen – ein Sprung, und ich stand im Finale. Dort aber kam ich nicht auf Touren, meinen Sprüngen fehlte es an Tiefe und überhaupt an Struktur. Kein Versuch glich dem anderen, dann musste ich auch noch auf einen härteren Stab wechseln. Am Ende hätten 4,35 Meter für Bronze gereicht – wahrlich keine unüberwindbare Hürde. Aber zu hoch an diesem Tag, der so gar nicht der meine war.

Mein, wie sich drei Wochen später herausstellen sollte, letzter Wettkampf endete mit einer Enttäuschung – und mit dem Gefühl, das ich eigentlich seit Zürich 2014 in mir getragen hatte: zu den Saisonhöhepunkten nicht die ultimative Spritzigkeit an den Tag legen zu können. Ich war schon fit, aber nicht fitter als bei anderen Wettkämpfen. Und das irritierte mich, weil ich in der Zeit, in der mich ausschließlich mein Vater betreut hatte, eine andere Art des absoluten Bereitseins abgespeichert hatte. Ich führte diese Situation auf die Trainingspläne von Herbert Czingon zurück. Mehr als einmal hatte ich ihn gebeten, das Trainingspensum nach oben zu schrauben, die Zahl der Sprünge – ganz ohne Stab, sondern auch über Hürden und Ähnliches – wieder auf ein Niveau zu bewegen, auf dem ich mich früher immer wohlgefühlt hatte. 1000 pro Woche und nicht 400. Herbert aber wollte mich nicht überlasten, machte diese Sprünge für meine wiederkehrenden, rätselhaften Schmerzen im Sprungfuß verantwortlich und meinte, das übliche Krafttraining sei völlig ausreichend. Er führte mein subjektives Empfinden nicht auf tatsächliche, sondern auf eingebildete Defizite zurück. So wie er so ziemlich alle Motive und Handlungen mit der Psyche in Verbindung brachte. In solchen Streitfragen schlug sich Papa meist auf Herberts Seite. Verständlich, wenn man auf einen Trainer setzt, der schon viele Top-Athleten hervorgebracht hat –man will doch seine Autorität nicht durch das Overrulen seiner Vorgaben untergraben. Für mich in diesem speziellen Fall eine falsche Entscheidung – ich vertraute meinem Gefühl mehr als jeder Trainereinschätzung.

Zwischen Herbert und mir hatten sich in den eineinhalb Jahren unserer intensiven Zusammenarbeit auch noch andere Dissonanzen bemerkbar gemacht. Sehr präsent ist mir nach wie vor ein Zwischenfall vom Winterspringen in Zweibrücken. Ich hatte 4,40 Meter überwunden und wechselte auf meinen härtesten Stab, um die magische Marke von 4,50 Meter zu attackieren. Auf die steilere Flugkurve reagiert man üblicherweise, indem man die Stabhochsprungständer auf ihren Laufschienen und damit die Latte näher zum Mattenbeginn verschiebt. Der Spielraum beträgt maximal 80 Zentimeter. Null bedeutet, dass die Latte genau oberhalb der Einstichkastenrückwand angebracht wird – viel zu gefährlich. Normalerweise positioniert man sie 50 bis 70 Zentimeter dahinter. Nur wenn's um Rekorde und Medaillen geht, vielleicht auf 45 oder gar 40. Ich hatte in Zweibrücken zunächst 60 Zentimeter Abstand gewählt und wollte nun, als es um Ruhm, Geld und die Bestmarke ging, auf 50 Zentimeter verringern. Aber Herbert weigerte sich. Er meinte, ich solle mehr am Stab arbeiten, dann sei diese Höhe auch mit unveränderten Ständern möglich. Herbert wollte sich den Joker, die Latte auf 50 Zentimeter zu versetzen, für noch wichtigere, außergewöhnlichere Anlassfälle aufheben. Auch zweimaliges Nachfragen meinerseits konnte seine Sichtweise nicht verändern.

Die Härte von Stäben wird in Form einer Flexnummer angegeben. Sie besagt, um wie viele Zentimeter ein an beiden Enden fixierter Stab in der Mitte von der Waagrechten abweicht, wenn man ihn dort mit einem Gewicht von 22,7 Kilo belastet. Bei der Wahl des Stabes spielt auch die Länge eine Rolle. Ich hatte erst im Frühjahr von 430 auf 445 Zentimeter gewechselt und war auf Anhieb gut damit zurechtgekommen. Doch auch Stäbe derselben Länge können in ihrem Biegeverhalten variieren, indem sie für ein unterschiedliches Körpergewicht ausgerichtet sind. Mein 430-Zentimeter-Sprunggerät etwa war auf bis zu 77 Kilo getrimmt, was im Detail bedeutet, dass es bei Athleten unterhalb dieser Gewichtsgrenze eigentlich niemals brechen dürfe. Je versierter der Springer, desto größer die Diskrepanz zwischen diesem Richtwert und dem tatsächlichen Wettkampfgewicht. Bei mir lag sie im Normalfall bei 19 Kilo. Ist man in der Lage, mit dem dann schwereren Stab umzugehen, ihn durchzubiegen, wird der Athlet mit einem größeren Rebound belohnt. Härtere Stäbe können mehr Energie speichern und geben diese auch gerne wieder ab.

In Zweibrücken gab ich meinen Widerstand dann irgendwann auf, sprang trotz suboptimaler Ständerposition – und produzierte prompt drei Fehlversuche. Herbert hatte mir somit meinen Wettkampf versaut. Ich war so was von sauer und stürmte wortlos aus der Halle, was mir auch noch einen handfesten Streit mit meinem Vater eintrug. Herbert kreidete mir später an, ich hätte ihn informieren müssen, dass ich einen um so viel härteren Stab zu verwenden gedacht hatte – was den Kern des Problems treffend beschreibt. Herbert war an Athleten gewöhnt, die Entscheidungen nicht selbst trafen oder treffen wollten, ich hingegen an Eigenverantwortung und Selbstbestimmung. Und keiner wollte mit der ihm vertrauten Vorgangsweise brechen. Sollte ich mit Herbert während des Wettkampfes über Flexnummern philosophieren? Ich nahm den nächsthärteren Stab, den ich zur Verfügung hatte. So ein Ding kostet 600 Euro, ich konnte es mir gar nicht leisten, alle 0,4 Nummern einen Stab im Portfolio zu haben.

Meinungsverschiedenheiten traten auch auf, wenn es um den Griff am Stab ging. Herbert wollte partout eine veränderte Position meiner Hände durchsetzen, ich aber hatte keinen blassen Schimmer, wie das funktionieren sollte. Er wurde auch nicht müde, mir mehr internationale Wettkämpfe mit starker Konkurrenz schmackhaft zu machen, in Moskau, in Marokko, weiß der Kuckuck, wo. Mich kratzte es aber nie, ob eine neben mir 4,10 oder 4,70 Meter springt. Wenn ich einmal das Niveau für die Diamond League, die höchstklassige Wettkampfserie in der Leichtathletik, erreichen sollte, okay. Aber jetzt? Papa hätte gar nicht so oft Zeit, mich zu begleiten, gezahlt hätte es mir auch niemand, und meine Beziehung hätte ich auch noch ganz gerne gepflegt. Was schwer möglich war, wenn der Partner nur am Wochenende in Innsbruck weilte, ich aber genau dann wegen Wettkämpfen quer durch die Weltgeschichte gondelte.

Ich kann mir vielleicht den Vorwurf machen, bei solchen Meinungsverschiedenheiten zu oft nachgegeben zu haben. Unterm Strich aber würde ich die Zusammenarbeit mit Herbert Czingon dennoch in einem sehr positiven Licht sehen. Er gab eine ganze Reihe von Trainings, die schlecht begann, aber aufgrund seiner Inputs sehr zufriedenstellend endete. Genauso wie es zu Wettkämpfen kam, die beim Einspringen aussichtslos erschienen, die ich durch seine Interventionen allerdings noch mit guten Höhen abschließen konnte. Ausnahmen wie Zweibrücken bestätigten die Regel. Man darf sich Herbert auch keineswegs als Diktator vorstellen, er hatte durchaus ein offenes Ohr für Veränderungswünsche, konnte auch selbst Fehler eingestehen. Die Einheiten mit ihm und seinen Schweizer Athleten zählten immer zu den Highlights, besonders die Kurse in Formia, wo Herbert mit uns Basketball spielte (für sein Alter auf beachtlichem Level!) und uns auch abends beim Billard nicht im Stich ließ. Ihm verdankte ich letztlich auch, mit Angelica Moser endlich eine Trainingspartnerin auf gleichem Niveau an meiner Seite bekommen zu haben. Die Konflikte, die wir miteinander austrugen, sind im Leistungssport jeder Trainer-Athleten-Beziehung immanent. Man will den maximalen Erfolg, ist sich aber über den Weg dorthin nicht immer einig. Kommt in den besten Familien vor.

All das ist heute natürlich nicht mehr von Belang. Mein Leben als Sportlerin, wie ich es so sehr genossen und geliebt habe, liegt für immer hinter mir. Aber ich merke, wie sehr es immer noch ein Teil von mir ist, wie präsent all die Emotionen noch immer sind, wenn ich diese Jahre Revue passieren lasse. Schwer zu sagen, wohin mich meine Reise noch geführt hätte. Mit nicht ganz 22 wäre ich für die Weltmeisterschaft 2015 in Peking qualifiziert gewesen. Dort lag das Durchschnittsalter der 14 Finalistinnen bei 27,3 Jahren, die Medaillen gingen an Sportlerinnen zwischen 28 und 34. So gesehen, wären mir die besten Jahre noch bevorgestanden. Die muss ich nun aber nützen, um ganz andere, noch viel gewaltigere Herausforderungen zu bewältigen. An Motivation und Willen mangelt es nicht, genauso wenig wie an einem ambitionierten Team um mich herum, das immer nur mein Bestes will.

# Einfach nur am Leben bleiben

1 Stunde und 57 Minuten wurde an mir herumgedoktert. Von Chirurg Dr. Dietmar Krappinger und Klinikdirektor Dr. Michael Blauth, der die Aufsicht hatte. Was sie vorfanden, war ein zertrümmerter fünfter Halswirbel, dessen Restbestände entfernt und durch ein 1,5 mal 1,5 Zentimeter großes Knochenstück ersetzt wurde, das bis dahin in meinem rechten Beckenkamm beheimatet gewesen war. Ebenfalls in beklagenswertem Zustand: die Bandscheiben zwischen viertem und fünftem sowie zwischen fünftem und sechstem Halswirbel. Das Rückenmark hingegen wirkte äußerlich betrachtet ziemlich unversehrt. Es steckte kein Knochenstück drinnen, nichts wies auf eine Durchtrennung hin. Doch die inneren Verletzungen, hervorgerufen durch die enorme Gewaltanwendung, die den Wirbel aus der Verankerung gerissen hatte und dann wieder zurückfedern ließ, dürften zu Dehnungen, Quetschungen, Zerreißungen der dem Rückenmark innewohnenden Nerven geführt haben. Der Fokus des Ärzteteams lag nun darauf, die Wirbelsäule zu stabilisieren. Eine Metallplatte, die die Halswirbel 4 bis 6 mithilfe von fünf Schrauben fixierte, übernahm diese Aufgabe.

Solchermaßen vernietet und verschraubt erwachte ich am Nachmittag des 30. Juli auf der Trauma-Intensivstation. Vier Stunden waren vergangen, seit das Narkosemittel zu wirken begonnen hatte. An allzu viele Einzelheiten des restlichen Tages kann ich mich nicht mehr erinnern. Nicht daran, dass ich den Schlauch, über den ich Sauerstoff erhalten hatte, bald nach der Operation rauswürgte und sehr rasch begann, selbstständig zu atmen. Nicht daran, dass ich um etwas Trinkbares bettelte, obwohl in den ersten vier Stunden nach dem Eingriff jegliche Flüssigkeits- und Nahrungsaufnahme untersagt ist. Ich blieb aber so hartnäckig, dass man mir einen Becher samt Strohhalm mit der Einschränkung reichte, unter keinen Umständen mehr als einen kleinen Schluck zu mir zu nehmen. Als ich den Strohhalm zwischen den Lippen fühlte, saugte ich so kräftig an, wie ich konnte, stillte meinen Durst, bis man mir den Becher wieder fortnahm. Abends um acht nützten meine Eltern, Brit, Christian Hoser und Christopher Willis – von mir zwar registriert, aber nicht nachhaltig abgespeichert – die erste einstündige Besuchszeit. Mein Freund, der von seinem Bruder in Graz geholt worden war, schaffte es erst später, wurde aber ausnahmsweise trotzdem noch zu mir vorgelassen. Mein Dämmerzustand ließ naturgemäß wenig Konversation zu. Und so hing wohl in erster Linie jeder seinen Gedanken nach, was die Ereignisse dieses Tages an Folgewirkungen mit sich bringen würden.

Da thronte ich nun auf meinem Luftbett, das die Aufgabe hatte, Wundliegen zu verhindern. Unter jedem Arm, jedem Bein ein Kissen, aufgebahrt quasi. Mit gebrochenem Genick! Mein landläufiges Verständnis eines Genickbruches war damit ziemlich erschüttert. Eigentlich müsste ich doch tot sein. Aber so was von! Tasten Sie doch einmal Ihre Wirbelsäule im Nackenbereich ab. Der markante Wirbel, der ein wenig vorsteht, ist der siebente. Meine Rückenmarksverletzung betraf den sechsten Halswirbel – wenn dort nicht das Genick beheimatet ist, weiß ich auch nicht mehr. Tatsächlich aber hätte ich mir eine Rückenmarksdurchtrennung bis zum dritten Halswirbel erlauben können und hätte womöglich trotzdem überlebt, freilich ohne selbstständige Atmung und ohne jede Mobilität. Erst von da an gilt „Game over", weil die Funktion der Organe auf Höhe des ersten und zweiten Halswirbels gesteuert wird. Faktum ist: Sie können sich jeden erdenklichen, auch den allerhöchsten Halswirbel brechen und trotzdem noch eine Stabhochsprungkarriere beginnen, solange Sie dafür sorgen, dass Ihr Rückenmark nichts abbekommt.

Schon in den ersten Tagen war meine Wissbegierde groß. Ein ums andere Mal löcherte ich die Pfleger, wann denn Besuchszeit sei. Schließlich wollte ich ja wach und den Umständen entsprechend fit sein, wenn die engsten Angehörigen und Vertrauenspersonen vorstellig wurden. „14.30 bis 16 Uhr und 20 bis 21 Uhr", lautete die gebetsmühlenartig wiederholte Antwort, kurz darauf hatte ich die Information aber bereits wieder vergessen.

Im Sport waren wir, meine Familie und ich, eine kleine Zelle, die sich alles hart erarbeitet, vieles erkämpft, manches erstritten hat, die sich immer auf die Suche nach Inputs von außen, nach besseren Trainingsmöglichkeiten, einem professionelleren Umfeld gemacht hatte. Und die nie müde wurde zu hinterfragen, ob vermeintlich gesichertes Wissen auch tatsächlich der Weisheit letzter Schluss sei. Vielleicht hat uns der Leistungssport mit seiner permanenten Konkurrenzsituation zu dem gemacht, vielleicht ist es einfach unser Naturell. Wir haben nach dem Unfall jedenfalls nicht anders agiert als davor – nur mit unterschiedlichen Zielsetzungen. Früher galt es, mich fit für den Wettkampf zu machen. Heute dreht sich alles darum, mich fit fürs Leben zu machen. Dies nur als Erklärung, warum wir uns mit dem, was andere für sich als gut genug erachteten, so oft nicht zufrieden gaben, warum wir von vorgegebenen, vermeintlich erfolgreichen Pfaden so oft abwichen, warum wir unbequem waren, wenn es sich andere unserer Auffassung nach zu bequem gemacht hatten.

Vom vorgesehenen Pfad wichen wir erstmals am dritten Tag nach dem Unfall ab, als mich Dr. Sigrun Schönfelder auf der Intensivstation besuchte. Die Ärztin des Österreichischen Leichtathletikverbandes ist ausgebildete Kinesiologin und Osteopathin, hat sich vor allem auch der Cranio-Sacral-Therapie verschrieben. Sie sah es als ihre Aufgabe an, all jene Bereiche, die von der Schulmedizin in einer Intensivstation vernachlässigt werden, zum Teil auch werden müssen, weil andere Dinge Priorität haben, abzudecken. Wie etwa das Immunsystem anzukurbeln bzw. aufrechtzuerhalten, statt Antibiotika zu verabreichen, wenn der Keim schon erfolgreich in den Organismus eingedrungen war. Dr. Schönfelder sorgte zunächst unter den argwöhnischen Blicken des Krankenhauspersonals vier Tage lang dafür, dass ich zu ausreichend Vitamin B und C kam, kontrollierte, ob Silikon- anstelle von Latexkathetern verwendet werden, weil selbige die Ausbreitung von Keimen über längere Zeit hintanhalten; sie verordnete mir Traumeel, setzte APM-Stäbchen zur Akupunkt-Massage im Ohr ein und führte Cranio-Sacral-Behandlungen durch. Über einen zentralen Venenkatheter in der Leistengegend wurde mir über drei Lumina ohnehin noch genug „Schulmedizinisches" zugeführt, unter anderem Schmerzmittel. Während der Operation war auch Kortison zum Einsatz gekommen. Dessen wassereinlagernde Eigenschaft verfehlte seine Wirkung nicht. Meine Hände und Füße waren unfassbar dick angeschwollen, jeder Finger, jede Zehe für sich nahm die Form eines Ballons an – einfach grausig. Um gegenzusteuern und den Lymphfluss generell anzukurbeln, führte eine Therapeutin des Krankenhauses täglich Lymphdrainagen im Bereich des Halses und Schlüsselbeines durch. Zusätzlich hatten wir meinen Physiotherapeuten Klaus Ullmann in die Klinik beordert, der sich mit 15-minütigen Aktivierungen meiner Beine annahm. Auch keine allzu übliche Vorgangsweise. Damit die „Magic Hands" nicht gegeneinander arbeiten, wurde ein Buch aufgelegt, in dem die einzelnen Therapeuten Dauer und Inhalt ihrer jeweiligen Maßnahmen dokumentieren und sich über den Stand der Dinge informieren konnten.

Die künstliche Nahrung erhielt ich ebenfalls über besagte Zugänge. Bis ein Arzt das Säckchen im Rahmen der Morgenvisite abhängte: „Jetzt musst du selber essen!" Obwohl das gräuliche Zeug wirklich grauenhaft aussah, versetzte mir diese neue Forderung einen kleinen Schock. „Der geht einfach mit meinem Essen davon", dachte ich. Eigentlich erstaunlich, wie schnell es selbstverständlich wird, sich über die Nahrungsaufnahme keinerlei Gedanken mehr zu machen. Langsam arrangierte ich mich mit der Perspektive, nunmehr wieder bewusst zu essen und zu trinken und verlangte nach einem Kakao, der mir urplötzlich als das erstrebenswerteste alle Lebensmittel erschien. Die Pfleger versuchten mich davon abzubringen, wiesen auf die schleimfördernde Wirkung von Milch hin. Ein berechtigter Einwand, hatte ich doch von Beginn an mit Wasser in der Lunge zu kämpfen gehabt. Ich röchelte und rasselte also fallweise vor mich hin, konnte den Schleim aber nicht raufhusten, weil ich angesichts der Höhe meiner Querschnittslähmung meine Bauchmuskeln nicht mehr steuern kann. Eine dieser vielen Erkenntnisse, die ziemlich überraschend über einen hereinbrechen. Über die man als Gesunder nicht eine Sekunde nachdenkt. Querschnittslähmung bedeutet gemeinhin, nicht gehen zu können. Weit gefehlt!

Verflüchtigte sich der Frosch nicht von selbst, was er nur in den seltensten Fällen tat, musste erabgesaugt werden. Eine Prozedur für Hartgesottene: Zuerst wird ein Schlauch über die Nase eingeführt und durch Schlucken in die Lunge befördert. Misslingt das, kommt er beim Mund wieder raus. Hat man den Schlauch runtergewürgt, startet der Absaugvorgang. Ein durchdringendes Geräusch, das du so schnell nicht mehr vergisst – und deswegen auch so schnell nicht wieder erleben willst. Ein frommer Wunsch – denn mit ein bisschen Pech setzt das Rasseln nach fünf Minuten von Neuem ein. Ich habe es ein ums andere Mal mit Hinhaltetaktik probiert. „Warten wir 30 Minuten, vielleicht geht's von selbst weg." Doch irgendwann war die Geduld der Pfleger erschöpft. Nachvollziehbarerweise, schließlich kann zu langes Zuwarten sogar eine Lungenentzündung nach sich ziehen. Ich aber versuchte nach Kräften, mich der Tortur zu widersetzen, warf meinen Kopf nach links, nach rechts, aber es gab kein Entrinnen. Später versuchte man, mir die Folter „angenehmer" zu gestalten. Durch das Schmerzmittel Dipidolor steht man fünf, sechs Sekunden völlig neben sich, bekommt nur eingeschränkt mit, was da im Brustraum vor sich geht. Den Kakao hatte ich mir übrigens trotzdem nicht ausreden lassen. Und er hat vorzüglich geschmeckt. Ansonsten fiel mir die Umstellung auf feste Nahrung ziemlich schwer. Mal ein Butterbrot, mal eine Suppe; zu mehr ließ ich mich nicht hinreißen. Was braucht man auch schon großartig, wenn man nur im Bett herumliegt?

Besagter Absaugschlauch war indessen vielseitiger verwendbar als gedacht. Eines Tages überraschte mich eine Pflegerin mit dem Vorschlag, meine Haare zu waschen. Ich willigte natürlich ein, konnte mir aber kein Szenario vorstellen, das in geordneten Bahnen ablaufen würde. Doch die Pflegerin bettete meinen Kopf auf einen riesigen Müllsack – und schon konnte der Spaß beginnen. Ihr Plan sah so aus, dass sie das Gebrauchswasser mithilfe des Schlauches absaugte, doch ausgerechnet jetzt versagte das gute Stück den Dienst. Kurzum: Der Müllsack ging über, und binnen kürzester Zeit stand die halbe Intensivstation unter Wasser. Kein Drama, sämtliche Beteiligten nahmen das kleine Malheur mit Humor.

Am Personal in der Intensivstation gab es ohnehin nicht das Geringste auszusetzen, da waren hervorragend geschulte Fachkräfte am Werk. Für die bis zu 13 Patienten standen um die 18 Pfleger und Krankenschwestern bereit. Und man hatte nicht den Eindruck, dass da viele Däumchen gedreht wurden. Klarerweise, hier geht's um alles oder nichts, um Leben oder Tod. Für manche. Mir in meinem Extrazimmer für zwei, das ich die Hälfte der Zeit allein belegte, ging es vergleichsweise noch am besten. Diese Separiertheit und mein stabiler Zustand hatten einen großen Vorteil. Ich konnte veranlassen, dass die Tür des Zimmers in der Nacht geschlossen wurde. Man macht sich keine Vorstellung, welcher Lärmpegel in einer Intensivstation herrscht – das Gepiepse der Maschinen, die Geräusche der Spezialbetten: der absolute Schlafkiller. Ich war eine der Fittesten da drinnen, aber auch bei mir hingen fünf Schläuche raus, mussten die Kontrollgeräte permanent überwacht werden. Ich musste umgelagert, gefüttert, untersucht, gepflegt, gewaschen und, wenn's mich juckte, gekratzt werden. Oder meine Lungen mussten geröntgt werden, weil in meiner Zeit in der Intensivstation ein Keim sein Unwesen trieb, der berüchtigte Pseudomonas aeruginosa. Zwei der damals elf Intensivstationspatienten blieben von ihm verschont. Eine war ich. Ziemlich sicher ein Verdienst der Immunsystempflege von Sigrun Schönfelder.

Während ich über die Pfleger der Intensivstation, die offensichtlich eine sensationelle Ausbildung genossen, und die Chirurgen, die den Eingriff nach unserer Einschätzung erstklassig hingekriegt haben, nur Gutes zu berichten weiß, gibt es in anderen Bereichen noch ein klein wenig Luft nach oben. In der Art, wie man Diagnose- und Informationsgespräche anlegt, auch und gerade was den Einsatz von psychologischem Gespür anbelangt, Aber auch in der Art, wie man Angehörigen mit Empathie begegnet. Oder ob überhaupt. Papa und ich baten zwei Tage nach dem Unfall unabhängig voneinander um Aufklärung. Woraufhin zwei leitende Mediziner, die bei der Operation nicht anwesend gewesen waren, für Sonntag ein Informationsgespräch anberaumten. Zunächst im Beisein von meiner Familie, meines Freundes, von Dr. Hoser und Dr. Willis. Letztere schwankten in ihren Einschätzungen danach zwischen „unglaublich" und „untragbar". Die zwei Krankenhausvertreter waren ohne Umschweife zur Sache gekommen. Ich sei derzeit in der Lage, den Kopf zu bewegen. Und dabei werde es auch bleiben. Es gebe keine Aussicht auf Besserung, helfen könne nur ein Wunder. Stellt sich die Frage, ob und wenn ja, welche Strategie hinter dieser Vorgangsweise stand. Eine Rückenmarksschädigung auf Höhe des sechsten Halswirbels intendiert nämlich immer, dass Schultern und Bizeps funktionsfähig bleiben. Das mag verglichen mit dem Urzustand nicht viel sein, aber doch bedeutend mehr, als auf Kopfschütteln und -nicken beschränkt zu sein. Mir leuchtet schon ein, dass Ärzte davon Abstand nehmen wollen, unerfüllbare Erwartungshaltungen zu schüren. Aber welchen Sinn sollte es haben, berechtigte Hoffnungen zu zerstören? Es hätte schon gereicht zu sagen: „Derzeit kann sie nur den Kopf bewegen. Es ist möglich, dass noch mehr dazu kommt, aber wir können es nicht garantieren." Fertig. Stattdessen versuchte sich ein Mediziner als Reserve-Paartherapeut und eröffnete Christoph, vorsichtig interpretiert, er möge sich die Partnerschaft mit mir gut überlegen. Ich werde ziemlich sicher beziehungsunfähig sein und ein Leben lang neidisch auf alle, die gehen können. Eine Psychoanalyse, mal eben so aus der Hüfte geschossen, ohne mit der betreffenden Person auch nur je ein Wort gewechselt zu haben. Kann man natürlich so handhaben. Aber kaum, wenn man normal tickt.

Meine Eltern hatten da bereits auf Durchzug geschalten, hörten den Göttern in Weiß gar nicht mehr zu. Christopher Willis sehr wohl, da er sich die beiden Ärzte im Anschluss für ein klärendes Gespräch schnappte. Mit einem von ihnen trat er dann an mein Bett in der Intensivstation. Keine Ahnung, ob er für mich dieselbe Version meiner Zukunftsperspektiven, Beziehungsunfähigkeit inklusive, vorgesehen hatte. Keine Ahnung, was mir der Mediziner über meinen Zustand, meine Befindlichkeit, meine Aussichten und mein zukünftiges Leben erzählt hat. Ich habe es schlicht und ergreifend von der Festplatte gelöscht, kann mich an nichts erinnern. Vielleicht besser so. Wahrscheinlich sogar. Dr. Willis blieb jedenfalls noch bei mir, nachdem der Empathiekünstler den Rückzug angetreten hatte. Er versuchte vermutlich die Worte des Mediziners zu erklären, zu relativieren, in eine für den Patienten verkraftbare Form zu bringen. Allein, auch davon weiß ich nichts mehr. Die Kunde von meiner angeblichen künftigen „Beziehungsunfähigkeit" sollte ohnehin noch früh genug zu mir durchdringen. Meine Eltern erzählten mir später davon voll Entrüstung, sobald ich den Eindruck erweckt hatte, für solche „Informationen" aufnahmebereit zu sein.

Ein, zwei Tage nach diesem „Informationsgespräch" kam Dr. Michael Blauth, Klinikdirektor der Unfallchirurgie, der meine Operation überwacht hatte, zu Besuch. Ich hatte darum gebeten, dass mir jemand erklärte, was bei dem Eingriff im Detail repariert worden war. Mehr wollte ich zu diesem Zeitpunkt nicht wissen, mehr gab es aus meiner Sicht auch gar nicht zu fragen. Du liegst im Bett und kannst dich nicht bewegen – eine ziemlich eindeutige Situation. Was ich hingegen wissen wollte, war, ob ich meinen Kopf bedenkenlos nach allen Seiten drehen durfte. In den ersten Tagen hatte ich davon Abstand genommen, obwohl mir keine Halskrause angelegt worden war. Trotzdem traute ich mich, aus Angst, noch mehr kaputt zu machen, nur links und rechts zu schauen. Vielleicht rührte ein ziemlich alarmierend klingender Satz der ersten Presseaussendung daher: „Kira Grünberg kann Augen und Zunge bewegen." Dr. Blauth sah aber jedenfalls keinen Grund, meine Bewegungsfreiheit bzw. das, was von ihr übrig geblieben war, einzuschränken, warnte mich lediglich vor Überstreckungen nach hinten. Die konnte ich in meinem Bett aber ohnehin ausschließen.

Die vorhin erwähnte erste Presseaussendung hätte übrigens erst vier, fünf Tage nach dem Unfall veröffentlicht werden sollen. Der Plan sah vor, zuerst abzuwarten, bis sich mein Zustand stabilisiert hatte, um gesichertes Wissen nach außen zu transportieren. Warum umdisponiert werden musste? ÖLV-Präsident Ralph Vallon hatte mit seinem Wissen nicht hinterm Berg halten können und veröffentlichte von seinem türkischen Urlaubsdomizil aus auf seinem Facebook-Account ein Posting, in dem er meine Querschnittslähmung verkündete. Mein Manager Tom Herzog erwirkte zwar die sofortige Löschung, die Zeit „on air" hatte aber gereicht, um eine

Zeitungsredaktion auf den Plan zu rufen. Im Nachhinein betrachtet, war die frühzeitige Klärung der Sachlage womöglich gar nicht nachteilig gewesen. So konnte jeder, den es interessierte, vom ersten Augenblick an mitbangen und wurde in engmaschigen Abständen auf dem Laufenden gehalten. Der „Ö3-Wecker" etwa sendete ab Montag jeden Morgen ein Update zu meinem Gesundheitszustand. Schon möglich, dass diese große und permanente Öffentlichkeit die Welle der Hilfsbereitschaft positiv beeinflusste. Geplant war all das so allerdings nicht. Tom machte es sich in der Folge zur Angewohnheit, die Informationen kontinuierlich, aber immer ein wenig zeitverzögert zu veröffentlichen. In erster Linie um mich zu schützen. Nichts wäre unangenehmer gewesen, als einen Fortschritt zu verkünden, den man zwei Tage später widerrufen musste.

In meiner Familie herrschte in diesen ersten Tagen nach dem Unfall Ausnahmezustand. Geschlafen wurde wenig, höchstens einmal zwischendurch aus Erschöpfung. Mein Freund siedelte für diese Phase zu uns nach Kematen, fühlte sich einfach wohler, in meinem Bett zu schlafen, wollte auch an der Quelle sitzen, wenn es neue Informationen zu meinem Zustand gab. Viel Zeit zum Deprimiertsein, für Selbstmitleid, für irgendeine Art von Trauerarbeit blieb in diesen Tagen nicht. Jeder war in diese Situation hineingeschmissen worden und war angehalten zu funktionieren. Wie man es von den Jahren im Sport gewohnt war, setzte man erst einmal auf Teamwork. Jeder bekam eine Aufgabe zugewiesen. Papa kümmerte sich um die medizinische Seite, begann sich Wissen über die komplexe Thematik der Querschnittslähmung anzueignen, sprach mit Ärzten, kundschaftete Therapien aus, recherchierte den letzten Stand der Wissenschaft. Mama war mit der finanziellen Seite betraut, sie verwaltete die hereinkommenden Spendengelder, schrieb jedem Einzelnen, der einen Geldbetrag erübrigen konnte und Name und Adresse hinterlegt hatte, zurück. Und sie erbte unverhofft das Thema Facebook. Als ahnungslose Quereinsteigerin machte sie sich daran, all die unzähligen Botschaften, die eingetrudelt waren, abzuarbeiten. Und wunderte sich zunehmend, dass die Menge an zu beantwortenden Postings und persönlichen Nachrichten nicht abnahm. Man hatte ihr in der Hektik nicht mitgeteilt, dass Fans und Freunde auf Mamas Antworten ja nochmals Bezug nehmen konnten. Brit hatte mein Handy eingezogen, um auch auf diesem Kanal alle Nachrichten zu registrieren. Sie war ebenfalls für die Selektion aller Botschaften zuständig und las mir täglich eine kleine Menge vor. Entweder etwas besonders Berührendes oder auch Statements von Menschen, von denen sie wusste, dass sie mir viel bedeuteten. Beides war in einem Posting zu finden, das Angelica Moser verfasst hatte. „Den heutigen Wettkampf in Frauenkappelen habe ich nur für dich gemacht, liebe Kira! Deshalb spende ich dir auch mein Preisgeld (200 Euro, Anm.) und wünsche dir und deiner Familie viel Kraft!" Die Nachricht, die sie mit einem Spendenaufruf verband, berührte mich so sehr, dass ich Angelica unverzüglich per Facetime kontaktierte und sie im Bus auf dem Nachhauseweg von der Schule erwischte, um ihr zu sagen, dass es mir den Umständen entsprechend gut ging.

Übermäßig aufnahmefähig war ich in diesen ersten Tagen nicht. Aber ich registrierte sehr wohl die überwältigende Menge von Postings, SMS, Briefen, Videobotschaften etc. sehr wohl und las oder hörte sie zu einem großen Teil nach. All die Nachrichten gaben mir unendlich viel Kraft, und das ist in keiner Weise als Floskel zu verstehen. Zu Beginn aber wendest du unwillkürlich all deine Kraft dafür auf, um am Leben zu bleiben. Du empfindest nichts anderes als wichtig. Dich interessiert kein Fernseher, nicht mal ein Handy. Früher wäre ein Tag ohne Mobiltelefon undenkbar gewesen. Im Krankenhaus kam ich überhaupt erst nach einer Woche dahinter, dass ich meines gar nicht bei mir hatte. Der Fernseher blieb wochenlang ausgeschaltet. Ich sah gar keinen Sinn darin, mir etwas anzusehen, geschweige denn einen Brief zu lesen. Vorlesen lassen, okay, das fühlte sich angenehm an. Ansonsten empfand ich es als ganz wohltuend, wenn um mich herum Ruhe einsetzte, wenn ich einfach nur im Bett liegen und die Gedanken schweifen lassen konnte. Was erst klaglos funktionierte, nachdem ich das Luftbett durch eine Gelmatratze hatte tauschen lassen. Bis dahin war ich von Schwindelanfällen und Orientierungslosigkeit heimgesucht worden.

Neben meinen Eltern und meiner Schwester konnte sich natürlich auch mein Manager nicht über zu wenig Auslastung beschweren. Bei ihm gingen alle Medienanfragen ein, zudem koordinierte er die Charity-Initiativen. Was seine Kapazitäten überstieg, leitete er an Christoph weiter. Er telefonierte tagein, tagaus. Bis ich ihn doch einmal ohne Handy erwischte und anwies, mehr auf sich aufzupassen. Was mir den Vorwurf eintrug, ich würde mich um alle anderen mehr sorgen als um mich. Kein Wunder, ich war die Einzige, die genug Zeit zur Verfügung hatte, um sich über derlei Dinge Gedanken zu machen.

So war jeder aus meinem engsten Umfeld voll eingespannt. Diese Form der Ablenkung funktionierte natürlich nur zu einem gewissen Teil. Schon auf der Intensivstation bekam ich den Eindruck, dass meine Eltern Unterstützung bei der Bewältigung der Geschehnisse brauchten. Also empfahl ich ihnen eindringlich, die Dienste von Christopher Willis in Anspruch zu nehmen. Mein Vorschlag fiel auf fruchtbaren Boden, Mama und Papa konsumierten einzeln und zu zweit einige Einheiten, was ihnen sichtlich guttat. Und auch mir, weil ich Unterstützung gut gebrauchen konnte und ich sie mir anders vorstellte, als dass rund um mich herum Trübsal geblasen wurde. Nach und nach fanden sich auch mein Freund und die Sportlerfamilie in Gestalt meiner Trainingskollegen, die sich so schwertaten, zum Stabhochsprungalltag zurückzukehren, in der Ordination von Dr. Willis ein. Selbstverständlich tauschte auch ich mich regelmäßig mit meinem Psychologen aus. So wie es vor dem Unfall schon gewesen war. Nur jetzt eben zu anderen Themen.

Das mediale Interesse ließ sich indessen nicht ignorieren. Bereits in den ersten vier Tagen meldete der Empfang immer wieder Personen, die sich nach meinem Verbleib erkundigten und dabei auffällige Fotokameras unauffällig zu verstecken versuchten. Flankierend gingen auch auf herkömmlichem Weg, nämlich bei meinem Management, Fotoanfragen ein. Als mich meine Schwester Brit fragte, ob ich denn überhaupt Interesse an einer Veröffentlichung aktueller Bilder hätte, antwortete ich: „Sein muss es nicht. Aber wenn es wen interessiert – warum nicht?" Gemeinsam mit Tom berieten wir die Vorgehensweise und entschieden uns, ein paar wenige Motive selbst fotografieren zu lassen und einem Medium zur Verfügung zu stellen. Mit dem Hintergedanken, dass dadurch allfällig geplante Paparazzi-Annäherungen mangels News-Werts hinfällig würden. Und genau so war es dann auch. Wir beauftragten Christian Maislinger, einen Fotografen

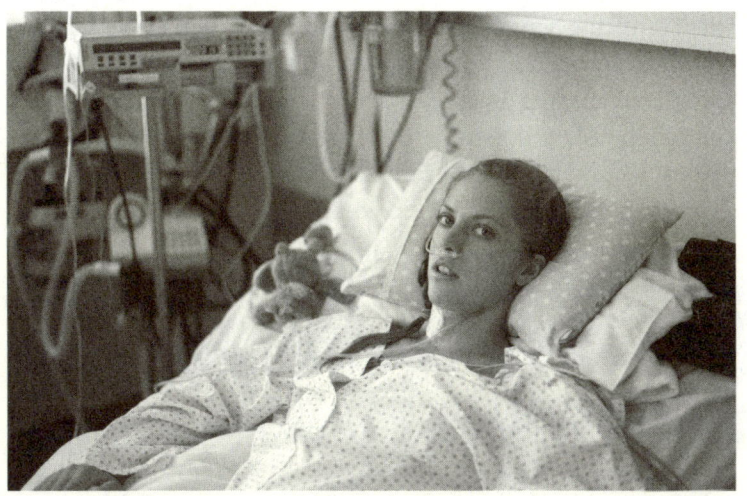

unseres Vertrauens, der schon die Pics für das „Sportmagazin" geshootet hatte, und Tom verständigte sich mit „Krone"-
Sportchef Robert Sommer, das Material exklusiv bereitzustel-
len. Im Gegenzug zahlte die „Kronen Zeitung" einen Betrag X
auf mein Spendenkonto ein und sicherte uns zu, das Thema
„Kira Grünberg" mit einigen ihrer Events zu verknüpfen. Was
niemand wusste: Zum Zeitpunkt der Aufnahmen (5. August)
hatte ich mich schon 24 Stunden auf der Observationsstation
befunden. Tom gab diese Neuigkeit aber wie immer erst mit
einem Sicherheitspuffer von zwei Tagen weiter. Auch in dem
Fall lag der Entscheidung keine unnötige Geheimniskrämerei
zugrunde. Meine Verlegung war bereits fix für den 3. August
anberaumt gewesen, musste aber kurzfristig um einen Tag
verschoben werden. Grund: mal wieder so ein paar Frösche
im Hals beziehungsweise unterhalb. Und die konnten nur
in der Intensivstation beseitigt werden, weil die dafür nötigen Absaugvorrichtungen sonst nirgends griffbereit waren.

Die Trennung von meinem Zimmer und dem netten, kompetenten Personal fiel mir gar nicht so leicht. André, ein groß gewachsener Bursche, ist mir besonders in Erinnerung geblieben. Als wir gerade debattierten, ob wir ein Bild von mir im Krankenbett veröffentlichen sollten, sagte ich zu ihm: „Komm her, André, machen wir ein Selfie. Ich bin jetzt berühmt!" Aber André ließ sich nicht erweichen. Ich dürfte der Pflegerriege aber auch ein wenig ans Herz gewachsen sein. Sobald ich in der Lage sei, im Rollstuhl zu sitzen, müsste ich umgehend auf Besuch kommen, gaben sie mir mit auf den Weg. Ich versprach, dem Wunsch nachzukommen.

Von der lückenlosen Überwachung der Intensivstation wurde ich nun also auf die immer noch ziemlich gut kontrollierte Observationsstation verlegt. Pro Vierbettzimmer, in dem Patienten beiderlei Geschlechts untergebracht waren, versah rund um die Uhr zumindest ein Pfleger Dienst, tagsüber waren es sogar zwei. Für mich hatte man ein hübsches Plätzchen mit Fensterblick reserviert. Die einzelnen Betten waren durch Paravans voneinander getrennt. Zwei der fünf Schläuche, die Stoffe in meinen Körper hinein- und aus diesem heraustransportierten, waren inzwischen „abmontiert" worden, der für das Wundwasser und der für die Nahrungsaufnahme. Apropos: Auf Essen hatte ich noch immer nicht allzu viel Lust. Zum Frühstück eine Viertel oder halbe Semmel, mittags und abends mal mehr, mal weniger, je nachdem, was kredenzt wurde.

Was mir mehr zu schaffen machte: Ich litt in diesen Tagen permanent an Fieber. Das Thermometer zeigte nie unter 38, bisweilen sogar 40 Grad an. Was nicht aus einer Erkrankung resultierte, sondern aus dem in Unordnung gebrachten Temperaturhaushalt meines Körpers. Üblicherweise wird die Körpertemperatur durch „Mess"-Zellen geregelt, die Signale an das vegetative Nervensystem senden, das die Produktion von Wärme steuert. Diese Zellen sitzen im Gehirn und im Rückenmark, Letztere aber unterhalb meines Querschnitts. Deshalb bekam das Nervensystem, gewissermaßen der Thermostat des Körpers, zu wenige dieser Signale, wusste nicht, ob er heizen oder kühlen sollte und entschied sich im Zweifelsfall fürs Einheizen. Mein Pech: Auch das Schwitzen wird unterhalb meiner Rückenmarksverletzung gesteuert, wodurch die Wärme auch auf diesem Weg nicht mehr abtransportiert werden konnte. Ich erhielt fiebersenkende Mittel, aber sie zeigten kaum Wirkung, weil der Körper immer weiter munter vor sich hin heizte. Stationsärztin Dr. Alexandra Dal Pont erklärte mir die Zusammenhänge und bat mich um Geduld, weil der Körper zwischen einer Woche und drei Monaten braucht, bis er sich wieder auskennt und diese Phase überwunden hat. Bis dahin versuchte man, der Lage mit nassen Tüchern und Eisbeuteln Herr zu werden. Ein weiteres Lehrstück aus der Reihe ‚Warum eine Querschnittslähmung mehr als nur die Motorik betrifft'.

Und damit Sie nicht glauben, dass sich die Beschwerlichkeiten darin erschöpfen: Der Stoffwechsel ist auch nicht mehr das, was er einmal war. Nicht einmal ansatzweise. Anfangs liegt man im Bett und verschwendet keinen Gedanken daran. Man vergisst einfach darauf, dass es etwas wie Aufs-Klo-Gehen gibt, man beschäftigt sich nicht damit. Erst allmählich wird einem bewusst, dass da ein Katheter installiert wurde und der Harn über den Schlauch in das Säckchen rinnt. Dann ist es zu der Erkenntnis nicht mehr weit, dass es für den Stuhl keine ähnlich elegante Abtransportmöglichkeit gibt. Sich an die Tatsache zu gewöhnen, in diesem intimen Bereich auf fremde Hilfe angewiesen zu sein, zählt zu den unangenehmsten Begleiterscheinungen einer Querschnittslähmung. Meine Sichtweise deckt sich mit der vieler Leidensgenossen. Hätte ich die Wahl zwischen wieder gehen oder selbstbestimmt die Toilette aufsuchen zu können – ich würde mich für Option zwei entscheiden.

Umso wichtiger, dass selbst im Krankenhaus die kleinen Momente der Freude davon ablenkten. Erneut ging die Initiative von einer Pflegerin aus. „Kira, wann hast du das letzte Mal geduscht?" – „Vor dem Unfall!" – „Na, dann wird's Zeit!" – „Und meine Schläuche?" – „Klemmen wir ab, alles kein Problem." Flugs waren vier kräftige Männer organisiert, die mich auf eine Duschliege packten, und schon konnte der Spaß beginnen. Im Bett gewaschen wurde ich ja jeden Tag. Aber eine richtige Dusche! Das Wasser spüren, wie es an meinem Gesicht runterperlt! Ein herrliches Erlebnis! Eine halbe Stunde planschten wir herum, wuschen meine Haare, spritzten uns gegenseitig an. Am Ende war auch die Pflegerin völlig durchnässt.

Auf der Observationsstation nahm man es mit den Besuchszeiten nicht ganz so genau, was meine Familie weidlich ausnützte und daher meist von 10 bis 20 Uhr durchgehend an meiner Seite ausharrte. Nicht gerade zum Ärgernis des Personals. Denn mein Pflegeaufwand überstieg den der anderen Verletzten bei Weitem, da konnten ein paar helfende Hände gar nicht schaden. Ich glaube, die Pfleger waren sogar durchaus dankbar, wenn ein Familienmitglied zur Tür hereinstapfte. Ich hatte mich nämlich dabei ertappt, wie ich die Krankenhausangestellten pausenlos beobachtete, wann immer ich nicht anderweitig beschäftigt war. Ich wusste, was sie taten, was sie sagten, konnte den Besuchern jede Begebenheit des

Tages detailreich und originalgetreu schildern. Ich glaube, dass sich mein Gehörsinn in diesen Tagen enorm entwickelte. Musste er auch, denn mich interessierte alles, ich brannte darauf, alles zu erfahren, was vor sich ging.

In der Nacht, als der Informationsfluss aufgrund der dünnen Personaldecke ins Stocken geriet, konzentrierte ich mich auf meine Zimmerkollegen. Lieber hätte ich zwar geschlafen, aber das gelang nach der Intensivstation immer schlechter. Um mich irgendwie zu beschäftigen, verfolgte ich die Herzfrequenz meines Gegenübers, malte mir aus, was für einen beschleunigten oder verlangsamten Pulsschlag verantwortlich sein könnte. Und ich wartete auf die automatische Blutdruckmessung, die einmal pro Stunde durchgeführt wurde. Nicht bei jedem Patienten gleichzeitig, die Manschette pumpte sich um fünf Minuten zeitversetzt auf. Und ich kam als Letzte dran. So packend, wie es sich hier liest, so packend gestalteten sich weite Teile meiner Nächte. Aber was soll's? Immer noch besser, als Schäfchen zu zählen.

Untertags wurde mir die Manschette nach jeder Messung abgenommen. Weil ich immer noch dieses Kribbeln, dieses Ameisenlaufen verspürte, das schon unmittelbar nach dem Unfall eingesetzt hatte. Jede Berührung, jedes Streifen an der Bettdecke verursachte ein unangenehmes Gefühl. Deswegen lag ich zumeist einfach ruhig da. Und verpasste deshalb vielleicht den Moment, in dem ich begann, langsam die teilweise Kontrolle über meine Arme wiederzuerlangen. Womöglich hatte ich es auch die ganze Zeit gekonnt, hatte es nur nicht probiert. Wozu auch? Es wäre doch ein wenig sinnlos gewesen, weil ich mit den Armen ja nichts Produktives hätte tun können. Heben, senken, aus. Und Trainingsgelüste hatte ich damals ja noch keine. Ich denke aber, dass die Funktion meines Bizepses schleichend zurückkam. Beginnend mit Tag 8 oder 9 nach dem Sturz, dann sich stetig verbessernd. Und ich war unheimlich stolz, führte es jedem vor, der das Kunststück noch nicht kannte. Ich hob den Arm so hoch ich konnte, bis er mir dann irgendwann ins Gesicht knallte. Das erschreckte mein Publikum zwar mächtig, der Applaus war mir aber trotzdem sicher. Warum ich den Arm nicht über lange Zeit oben halten konnte, blieb mir eine ganze Weile rätselhaft. Die Lösung: Es lag am Trizeps, den ich nicht mehr ansteuern konnte.

Mein Freund erfuhr von der neuen Entwicklung drei Tage später auf sehr einprägsame Weise. Als er mich besuchen kam und an mir vorüberging, um etwas zu holen, gelang es mir, ihm listig auf sein Hinterteil zu klopfen. Er wusste zunächst nicht, wie ihm geschah, freute sich dann aber umso mehr über diesen ersten Teilerfolg. Einen weiteren entdeckte ich mit Christoph gemeinsam. Es muss zwei, drei Tage vor dem Ende meines Klinikaufenthalts gewesen sein, als wir einander an den Händen hielten und ich zuzudrücken versuchte. Ich hielt es zunächst für Einbildung, aber irgendetwas regte sich. Es dauerte ewig, bis wir dahinterkamen, dass die Bewegung vom Handgelenk ausgegangen war, dass ich imstande war, ein klein wenig nach oben zu ziehen. Eine motorische Fertigkeit, die sich in der Zeit danach sukzessive verbesserte. Klar keimte nun Hoffnung, dass sich nach und nach weitere Funktionen einstellen würden. Der Trizeps, die Finger – wer weiß, was noch alles. Doch die nächsten großen Schritte ließen auf sich warten. Und ich musste lernen, mich auch an den kleinen Dingen zu erfreuen.

Weniger glorreich als die Vorführung meiner Bizeps-Kunststücke verlief einer meiner ersten Versuche mit der CPAP-Maske. Die wurde mir täglich für mindestens eine

Stunde verpasst, um mit einem Schlauch Luft in meine Lunge zu pressen und damit das Atmungsorgan auszudehnen. Mir kam bei der Übung die Aufgabe zu, gegen diesen gefühlten Widerstand auszuatmen. Gar nicht leicht, wenn man sich gerade erst erzwungenermaßen die flache Zwerchfellatmung angewöhnt hatte. Und wurde es leicht, wurde flugs die Schwierigkeitsstufe erhöht. Die Schnauferei zielte darauf ab, den Schleimabtransport durch Raufhusten zu erlernen und damit das Risiko einer Lungenentzündung zu minimieren. Da ich meinen Besuchern ungern wie ein Zombie gegenübersitzen wollte, regte ich an, mir die Maske von fünf bis sechs Uhr früh über Nase und Mund zu stülpen. Eine Zeitspanne, in der ich üblicherweise bereits wach lag und rein gar nichts zu tun hatte. Meinem Wunsch wurde entsprochen – unglücklicherweise.

Die Zimmer der Observationsstation werden nachts oft von jungen, zierlichen Pflegerinnen betreut. Völlig klar, dass keine von ihnen in der Lage war, beispielsweise einen 100 kg schweren Mann allein umzubetten. Also halfen sie sich gegenseitig, wo sie konnten. Keine Einwände. Zu einem solchen Assistenzdienst war meine Pflegerin gerade für ein paar Minuten aufgebrochen, als ich unter meiner Maske zu hyperventilieren begann. Etwa zur Hälfte meiner Atmungsübungen wurde ich von einem meiner Fieberschübe heimgesucht. Von einem ziemlich heftigen noch dazu. Klingel fand sich keine in greifbarer Nähe. Und wenn, dann hätte ich sie auch nicht betätigen können. Bald schon hatte ich das Gefühl, keine Luft mehr zu bekommen. Je länger dieses Gefühl andauerte, desto mehr steigerte ich mich hinein. Für mehr als nur ein paar Momente dachte ich: „Das war's dann. Jetzt ersticke ich." Bis nach einer gefühlten Ewigkeit, die in Echtzeit zehn bis 15 Minuten gedauert hatte, die Tür doch noch aufging, die Pflegerin mich von meiner Maske befreite und die Atmung ihren normalen Rhythmus annahm. Für die weitere Zukunft bedang ich mir aus, dass eine Person im Zimmer bleiben musste, sobald mir die Maske übergestülpt wurde. Mehr Sicherheit vermittelten mir die Bandagerollen, auf denen meine Hände die meiste Zeit des Tages ruhten. Schwer nachzuvollziehen, aber nur fünf Minuten ohne diese (mentalen) Stützen reichten, und ich war kurz davor durchzudrehen.

Nach vier Tagen auf der Observationsstation fieberte ich der Verlegung in ein Einzelzimmer der Normalstation entgegen. Wissend, dass die leidenschaftliche Beobachterin in mir dadurch weniger spannenden Zeiten entgegenblicken würde. Noch trennte mich ein Lungenröntgen von der Überstellung. Selbiges ergab, wie auch die Ultraschalluntersuchung danach, dass sich in meinem linken Lungenflügel eine stattliche Menge Wasser gebildet hatte. So viel, dass man es mithilfe einer Bülau-Drainage nach und nach entfernen musste, um ein Kollabieren der Lunge durch den Druckunterschied zu verhindern. Sogleich beschlich mich eine leichte Panik. Ich sah bereits wieder medizinisches Personal auf mir herumturnen, wie es versuchte, einen Schlauch in meine Nase und von dort weiter in die Lunge zu bohren. Ein netter, junger Arzt zerstreute meine Bedenken, versicherte mir, dass man mittels einer Nadel einen Drainageschlauch in den Pleuraspalt zwischen Lungen- und Rippenfell steckte, der dann zwei bis vier Tage drinnen blieb, ich aber ohnedies eine Betäubungsspitze erhalten würde. „Die können wir uns wohl eher sparen", entgegnete ich und wunderte mich, dass jegliche Reaktion ausblieb. „Ich spüre ja vom Hals abwärts nichts mehr", gab ich zu bedenken. Der Doktor aber reagierte nicht auf meinen Scherz, meinte nur, dass man sich nie sicher sein könne, was Querschnittspatienten innerlich wirklich spüren und er nicht geneigt sei, irgendeine Art von Risiko einzugehen. In weiterer Folge leistete ich meinen Betrag dazu, dass sich Wasser in substanzieller Menge gar nicht erst bilden konnte. Als Mittel zum Zweck diente ein Atemtrainer namens Tri-Ball, in dem sich drei Bälle befanden, die man durch kräftiges Pusten in einen Schwebezustand versetzen musste. Am Anfang schaffte ich gerade mal den ersten, war nach fünf Minuten fix und fertig, ließ aber nicht locker, bis nach einigen Tagen die Übung auf Punkt und Beistrich erfüllt war. Papa gefiel es auch. Als er an dem Abend nach Hause fuhr, strahlte er übers ganze Gesicht. „Heute hat Kira mit mir trainiert. Es war alles so wie früher."

Meine Kontakte zu und Behandlungen von externen Medizinern behielt ich auch nach der Intensivstation bei. Dr. Christian Hoser kam mich fast täglich besuchen, sein – sicherlich keimfreier – Blumenstrauß erhielt als einziger die Erlaubnis, in der Observationsstation aufhältig zu sein. Was damit zusammenhängen könnte, dass er vor Eröffnung seiner eigenen Praxis hier früher selbst Dienst versehen hatte. Auch die Allgemeinmedizinerin meines Vertrauens, Dr. Verena Dollinger, und die von ihr empfohlene Physiotherapeutin Maria Irrasch gingen ein und aus. Gemeinsam deckten sie ähnliche alternativmedizinische Schwerpunkte und Methoden wie Dr. Sigrun Schönfelder ab. Der permanente Austausch mit Dr. Christopher Willis lief ebenso uneingeschränkt weiter. Er sah keinen Grund, tiefgreifend zu intervenieren, legte mir nur eine Form des Mentaltrainings ans Herz, die als „Self Healing" bekannt ist. Man stellt sich dabei den eigenen Körper so vor, wie er vor dem Unfall ausgesehen hat. Nicht unbedingt real, son-

dern abstrakt, symbolhaft, zum Beispiel als mit Blumen über-
wachsenen grünen Hügel. Und dann als Kontrast, wie man
ihn jetzt wahrnimmt, zum Beispiel als Vulkan. Das Training
besteht dann darin, dass man sich sehr differenziert und detailreich ausmalt, was es alles braucht, um aus dem Vulkan
wieder einen grünen Blumenhügel entstehen zu lassen. Ein
mentaler Kraftakt, der Wochen, Monate in Anspruch nehmen
kann. Auf mich hatte das Gedankenspiel, das wir familienin-
tern „Baumeister" nannten, eine fast meditative Wirkung, ich
weiß gar nicht, wie oft ich dabei einschlief.

Nach Teil 1 der Lungen-Trockenlegung wurde ich am Nachmittag des 8. August in mein Einzelzimmer gebracht. Meine
Zusatzversicherung hatte eine „Sonderbehandlung" dieser
Art ohnehin vorgesehen, aber das Klinikum ließ es sich nicht
nehmen, mir diese Art der Unterbringung zu spendieren. Was
für alle Seiten Sinn ergab. Aufgrund meines hohen Pflege-
bedarfs, der auf einer Normalstation nur schwer abzudecken
gewesen wäre, erlaubte man meiner Familie, von nun an auch
in den Nachtstunden präsent zu sein. Dafür kamen Mama,
Brit und Christoph infrage. Nur Papa nicht, der mir mit seiner hohen Schnarchneigung wohl noch das letzte bisschen
Schlaf geraubt hätte. Und ich schlief auch so schon schlecht
genug. Der Erste, der sich davon live überzeugen durfte, war
mein Freund, dessen Anwesenheit ich mir für die erste Nacht
gewünscht hatte. Schlaf- und Wachphasen wechselten einander im Zwei-Stunden-Rhythmus ab, dazwischen war ich von
Hustenanfällen geplagt. Die darf man sich punkto Lautstär-
ke und Intensität zwar nicht wie bei unverletzten Menschen
vorstellen, unangenehm sind sie aber allemal. Die Perioden
meiner Schlaflosigkeit versuchten wir durch Musikhören zu
überbrücken.

Meine Schlafprobleme rührten wohl daher, dass sich der Körper noch nicht auf die neue Belastungsintensität umgestellt hatte. Als Leistungssportlerin war ich um 22 Uhr todmüde ins Bett gefallen, acht Stunden und 15 Minuten später hatte mich der Wecker aus dem Schlaf gerissen, ohne dass ich dazwischen auch nur einmal aufgewacht wäre. Neben mir hätte man gerne einen Presslufthammer in Betrieb setzen können, ich hätte es vermutlich nicht gemerkt. Aber nun, da ich mehr oder weniger den ganzen Tag im Bett verbrachte – wovon sollte ich da müde sein? Sicher waren die zwei Wochen seit dem Unfall für den Körper hart, aber offenbar nicht hart genug gewesen. Hinzu kamen die Hitzewallungen. Wenn die Nacht hereinbrach, musste ich das Krankenhaus-Kleidchen mit seinen langen Ärmeln sofort loswerden. Stattdessen wurden Stoffwindeln mit kaltem Wasser nass gemacht und auf meinem Oberkörper platziert. Eine Stunde später fühlten sie sich an, als hätte man sie aus dem Ofen genommen.

Den Pflegern blieben meine Schlafdefizite natürlich nicht verborgen, woraufhin sie eine pharmazeutische Lösung präsentierten. Eine kleine Pille, die gut für mich sei, mit deren Hilfe ich Schlaf finden würde. Als Pharmaziestudentin interessierte ich mich natürlich brennend für alles, was meinem Körper zugeführt wurde. In diesem Fall ergab meine Recherche, dass das Präparat auch als Antidepressivum eingesetzt wird. Zwar in höherer Dosierung als bei mir vorgesehen, aber doch. Und ich hatte überhaupt keine Lust, meine ohnehin nur passable Gefühlslage ohne Not durch Medikamente zu pushen. Da meine Schlafqualität unbeeinflusst davon blieb, begann ich schon nach wenigen Tagen, die Dosis zu reduzieren, indem ich die Tablette auseinanderbrach und eine Hälfte die Toilette runterspülte. Später, im Reha-Zentrum Bad Häring, wo man mir das Medikament ebenfalls wärmstens empfahl, halbierte ich die Pille nochmals, womit nur ein paar Krümelchen übrig blieben, den Rest bewahrte ich in Schachteln auf, ehe ich das Zeug in Bausch und Bogen entsorgte und die dortigen Ärzte davon in Kenntnis setzte, in Zukunft auf diese Medikation zu verzichten.

Mit der Umsiedlung auf die Normalstation konnte ich meinen Aktionsradius signifikant erweitern. Dank Thekla, einem vielseitig verwendbaren Reha-Rollstuhl. Sitzen, Liegen, Stehen – das Gefährt ermöglicht einerseits häufigen Tapetenwechsel (wenngleich nur innerhalb des Krankenhaus-Areals) und medizinisch-therapeutische Fortschritte. Durch vermehrtes Verweilen in sitzender Position wurde die Lunge wesentlich besser belüftet. Wiederholtes Aufrichten in die Stehposition (bis sich Schwindel bemerkbar macht) wiederum regte den Kreislauf an. Und der entpuppte sich in diesen Tagen ohnehin als Sorgenkind, das für meine beiden schlechtesten Tage innerhalb der Genesungsphase verantwortlich zeichnete. Schlechtes Timing – für den einen (12. August) hatten sich der damalige Bundespräsident Heinz Fischer und seine Gattin Margit zum Besuch angesagt, für den anderen die Gäste meiner kleinen Geburtstagsparty.

Bisher hatte die „Formkurve" nach dem Unfall stetig nach oben gezeigt, deshalb kam meine Unpässlichkeit ein wenig unvermittelt daher und schlug sich auch ein Stück aufs Gemüt. Es ließ sich zwei Wochen nach dem Unfall nämlich nicht eruieren, ob es sich um eine vorübergehende oder um eine dauerhafte Verschlechterung meines Gesamtzustandes handelte. Diese Gedanken spukten durch meinen Kopf, als der Bundespräsident vor dem Klinikum eintraf. Auch ihm merkte man die Anspannung ein klein wenig an, er hakte sich am

Empfang bei Tom unter und ließ sich so zu meinem Zimmer geleiten. Mein Manager bedeutete dem Präsidentenpaar, einen Moment zu warten, und begab sich zu mir. „Kira, geht's?", fragte er mit ein wenig banger Stimme. „Eigentlich nicht", lautete meine Antwort. Das muss man sich mal vorstellen: Da kommt mich einmal im Leben der Bundespräsident besuchen, jettet womöglich wegen Kira Grünberg von Wien nach Innsbruck, und ich kann ihn nicht empfangen. Bizarr! Eine Weile verging, ohne dass einer von uns etwas sagte. Dann versuchte es Tom noch einmal: „Wir haben zwei Möglichkeiten. Entweder ich schicke sie nach Hause, oder du reißt dich zusammen." Ich rang mit mir, wollte natürlich niemanden vor den Kopf stoßen und entschied mich dafür zu funktionieren. „Gib mir eine Minute. Ich reiß mich zusammen."

Das gemeinsame Foto, das in der Folge in vielen Medien erschien, zeigte eindrücklich, wie miserabel es mir an diesem Tag erging. Ich sah aus wie ein Gespenst. Kein Vergleich mit dem Bild, das fünf Tage davor in der Krone erschienen war. Vielleicht hatte mein mitleiderregender Anblick auch Margit Fischer auf dem falschen Fuß erwischt. Sie rang das ein oder andere Mal mit den Tränen, wandte sich immer mal wieder ein wenig von mir ab. Vermutlich weil Tom vorausgeschickt hatte, dass ich es nicht allzu sehr schätze, wenn in meiner Gegenwart geweint wird. Eine andere „Vorgabe" ignorierte der Präsident geflissentlich: nicht anfassen! Mein Widerwillen gegen jede Form der Berührung hielt sich auf hohem Niveau, seit das Ameisenlaufen unmittelbar nach der Bruchlandung im Einstichkasten eingesetzt hatte. Doch viele Erstbesucher verspürten offenbar in Ermangelung der Möglichkeit eines Händedrucks unwillkürlich den Drang, Nähe und Verbundenheit zu signalisieren, indem sie meinen Unterarm streichelten. So auch der Präsident. Nach einiger Zeit hielt er plötzlich inne: „Spürst du das überhaupt?" Ich verneinte und lieferte unvorsichtigerweise den Hinweis, dass mir Empfindungen dieser Art nur am Hals möglich seien. Woraufhin der oberste Repräsentant des Staates seine gut gemeinten Berührungen kurzerhand dorthin verlegte.

Abgesehen von den präsidialen Streicheleinheiten verlief der Besuch sehr angenehm. Die Konzentration auf meine Besucher half mir sogar, meinen bescheidenen Gesundheitszustand für diese 15 bis 20 Minuten gut ausblenden zu können. Das Ehepaar Fischer hatte sich mit Blumen und einer CD vom letzten Neujahrskonzert eingestellt. Was durchaus stimmig war, weil mein Psychologe Christopher Willis empfohlen hatte, vermehrt klassische Musik zu konsumieren. Als Einschlafhilfe, als Entspannungsinstrument, aber auch als Tool, die Regeneration positiv zu beeinflussen. Ich habe Heinz und Margit Fischer als sehr authentisch und bodenständig erlebt. Sie haben auch durchaus einiges von sich preisgegeben. So erzählte mir der Präsident mit einem Schmunzeln, dass er im Krankheits- oder Verletzungsfall stets seine Tochter kontaktierte, weil sie die Ärztin sei, der er bei Weitem am meisten vertraute.

Der hohe Besuch mündete in zwei Entscheidungen, die mir das Leben ein wenig leichter machen sollten. Einerseits beschloss ich bald danach, dem lästigen Hautkribbeln medikamentös zu Leibe zu rücken, was ich bisher stets abgelehnt hatte. Eine weise Entscheidung. Als ich das Präparat ein Monat später testweise absetzte, hatten sich die Ameisen vertschüsst und sind seither auch nicht wiedergekehrt. Andererseits kamen Tom und ich überein, dass künftig allein meine gesundheitliche Befindlichkeit darüber entschied, ob Termine eingehalten würden oder nicht. Nach dem Motto: Wenn's nicht geht, dann geht's nicht. Eine Vereinbarung, von der ich schon 24 Stunden später Gebrauch machen musste.

Am nächsten Tag, dem 13. August, galt es, meinen 22. Geburtstag zu zelebrieren. Nicht unbedingt in dem Setting, das man sich für eine ausgelassene Party wünscht, aber ich hätte das Come Together schon genießen können, wenn mein Gesundheitszustand ein anderer gewesen wäre. Mama hatte einen Vortragsraum des Krankenhauses gemietet, wo sich eine kleine, feine Geburtstagsgesellschaft einfand, die ich an diesem Tag leider nur liegend begrüßen konnte. Neben meinen Eltern und Christoph gaben mir meine beste Freundin Nathalie, meine früheren Trainingskollegen Emanuel und Riccardo, Ricardos Vater und nunmehriger Coach Thomas sowie mein früherer Krafttrainer Marco Förster die Ehre. Letzterer hatte zwei, drei Monate davor einen neuen Job in Deutschland angenommen – bei einer, und jetzt halten Sie sich fest, Rollstuhl-Basketballmannschaft, mit der er sich gerade auf Trainingslager in Tirol befand. Manchmal fügen sich die Dinge schon bemerkenswert präzise ineinander.

Der Kuchen und die belegten Brötchen, die gereicht wurden, zogen mich mangels Appetit nicht so in ihren Bann. Die Geschenke hingegen waren großartig. Mehr als ein halbes Jahr davor hatte mich Tom auf dem Weg zum Trainingskurs bei Fabian Hambüchen gefragt, ob ich ein Vorbild hätte. Ich verneinte, fügte aber hinzu, dass es schon einen Athleten gäbe, den ich gern kennenlernen würde – den Diskus-Olympiasieger von London und dreifachen Weltmeister Robert Harting. Dieser Robert Harting hatte sich nun mit einer Videobotschaft eingestellt, in der er mir seine Bewunderung aussprach, wie ich mit meinem Kampfgeist und Willen unglaublich viele Menschen berührte und für sie Vorbild sei. Abschlusssatz: „Ich werde dich schon bald besuchen kommen und freue mich auf ein persönliches Kennenlernen." Jubel!

Ein zweites Geschenk sorgte rundum für feuchte Augen, auch bei mir. Ich bin ja nicht allzu nah am Wasser gebaut, nach dem Unfall nicht näher als vorher, aber das war selbst mir zu viel. Susanne „Su" Scheiblbrandner, eine Bio-Energetikerin, die mit zahlreichen Wintersportlern und auch mir Vitalfeldtherapien und biophysikalische Zellbehandlungen durchführte, hatte eine große Menge an Athleten zusammengetrommelt, die ihr per Video Geburtstagswünsche und „Durchhalteparolen" (#staystrongkira) hatten zukommen lassen. Sabrina Kriechbaum, Ehefrau des Damen-Alpin-Cheftrainers, und Starmoderator Florian Rudig zeichneten für die professionelle technische Verarbeitung des Rohmaterials verantwortlich. Was dabei herauskam, war ein fast zehnminütiges, sehr emotionales Stakkato an Statements, das eindrucksvoll belegte, wie sehr die heimische Athleten-Community mit mir fühlte und hinter mir stand. In den Dienst der emotionalen Sache stellten sich unter anderem Olympiasieger, Weltmeister und Gesamtweltcupsieger aus den Bereichen Ski alpin, Skispringen, Nordische Kombination und Snowboard, Turn-Ex-Weltmeister Fabian Hambüchen, Paralympics-Champion Thomas Geierspichler, Skeleton-Ass Janine Flock, der frühere Radprofi Thomas Rohregger, aus dem Leichtathletiklager Beate Schrott (110 m Hürden), meine ehemalige Zimmerkollegin Jennifer Wenth (5.000 m) und Nikolaus Franzmair (800 m), meine Schweizer Stabhochsprung-Trainingskollegen, meine Freundinnen Nathalie und Amelie und viele mehr. Gänsehaut!

Nach einer Stunde begannen meine Kräfte zu schwinden, und ich trat den Rückzug auf mein Zimmer an. In diesem Moment klingelte Toms Telefon. Am anderen Ende der Leitung: Stabhochsprung-Legende Sergej Bubka aus Südamerika. Dessen Assistent hatte sich bereits im Vorfeld gemeldet und mitgeteilt, dass der Weltrekordler regen Anteil an meinem Schicksal nahm, gerne ein Gespräch mit mir führen und damit gleich Glückwünsche zum Geburtstag verknüpfen würde. Ein Blick zu meinem Manager genügte. Stichwort: Wenn's nicht geht, dann geht's nicht. Ich hoffte, der mächtige Sportfunktionär missverstand es nicht als Majestätsbeleidigung. Oder gar als Undankbarkeit. Denn Sergej Bubka hatte mich als Privatmann mit einer großzügigen Spende unterstützt.

Geschenke hatte es übrigens ganz unabhängig von meinem Geburtstag schon ab der Verlegung auf die Observationsstation auf mich herabgeregnet. Von Menschen, denen mein Schicksal nahegegangen war, die sich sorgten, mir Mut zusprechen wollten. In meinem Krankenzimmer und zu Hause türmten sich Dutzende Bibeln, Lebenshilfebücher wie jenes von Klemens Kuby, der nach einer, allerdings inkompletten, Querschnittslähmung wieder auf die Beine kam und sich bei mir auch via Postkarte meldete; CDs, Stofftiere, Blumen, Süßigkeiten und vieles andere, selbst die Zeugen Jehovas ließen es sich nicht nehmen, mir ihre Neue-Welt-Übersetzung der Heiligen Schrift zukommen zu lassen. Ich kann mit Fug und Recht behaupten: Ich habe jede einzelne Sendung gesehen und mich über die allermeisten Aufmerksamkeiten sehr gefreut.

Nach dem ersten Aufwachen als 22-Jährige hatte sich das kreislaufbedingte Unwohlsein verflüchtigt. Weitere Erkundungsfahrten mit Thekla stand somit nichts mehr im Wege.

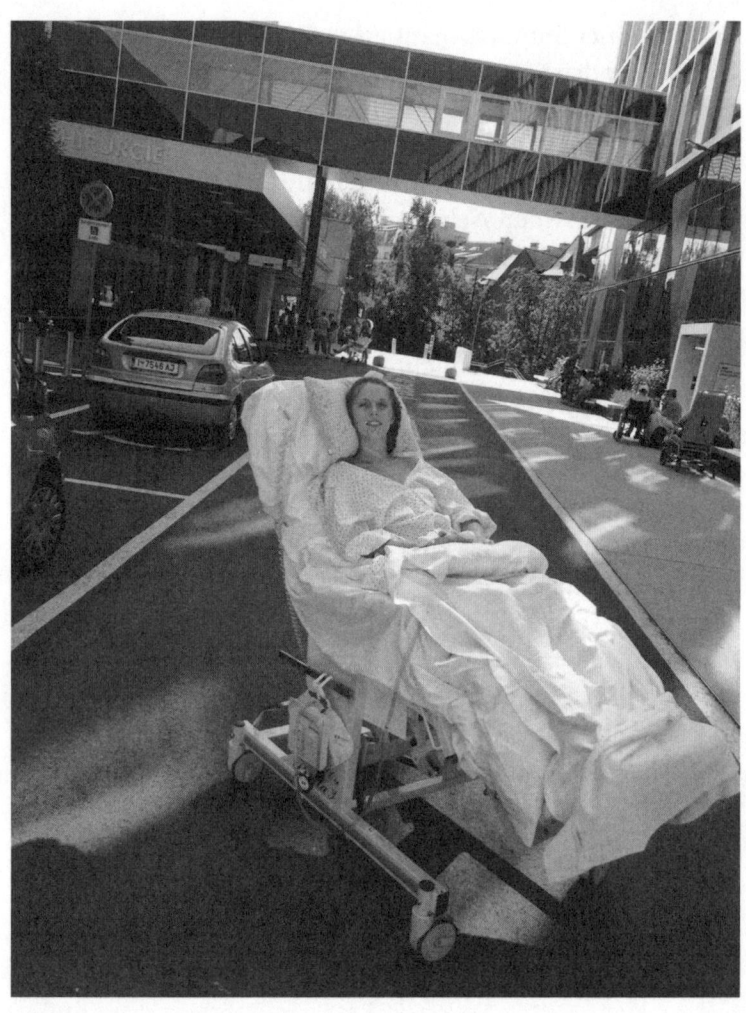

Mein erster Trip hatte mich bereits am 9. August auf die Intensivstation des Krankenhauses geführt, wo ich bei meiner Entlassung fünf Tage vorher hoch und heilig versprochen hatte, bei erstbester Gelegenheit auf Besuch zu kommen. Während ich mit dem Pflegepersonal im Eingangsbereich tratschte, wartete Papa vor der Tür, wo er auf den medizinischen Leiter der Abteilung traf. „Was machen Sie denn hier, Herr Grünberg?", wollte der Arzt wissen. Mein Vater antwortete wahrheitsgetreu, wenngleich ein wenig missverständlich: „Kira ist wieder da!" Dem Mediziner klappte die Kinnlade nach unten, wähnte er mich doch stationär aufgenommen. Erst als sich die Tür zur Station öffnete, hellte sich seine besorgte Miene deutlich auf.

Im Anschluss an den Besuch brachte mich Papa nach draußen. Es war ein unbeschreibliches Erlebnis, erstmals wieder unter freiem Himmel zu sein, die Sonne und den leichten Sommerwind auf dem Gesicht zu spüren. Wir fuhren am Kiosk des Krankenhauses vorbei und beschlossen, uns mit einem Eis zu erfrischen. Aber ich war nicht mehr gewöhnt daran, derart staatstragende Endscheidungen zu fällen, brauchte eine halbe Ewigkeit, um mich zwischen Calippo Erdbeer und Calippo Cola zu entscheiden. Als es schließlich doch noch gelang, saßen wir in der Sonne und schleckten Eis – einer der schönsten Augenblicke überhaupt. So sah uns Christoph, der gekommen war, um die „Schicht" nach Papa zu übernehmen, und freute sich grenzenlos, dass es mir schon so gut ging.

Thekla, dieses heiße Gefährt von einem Mobilisations-Rollstuhl, ließ sich gar nicht so leicht zähmen. Was ihren ausladenden Maßen geschuldet war. Die hohe Rückenlehne ermöglichte es nur Papa und Brits Freund Lukas, ein Bobfahrer, „auf Sicht" zu fahren, mich zielgerichtet und ohne anzuecken zum angepeilten Ziel zu manövrieren, zumal Thekla und ich gemeinsam an die 160 Kilo auf die Waage brachten. Wen wundert's also, dass die zwei- bis vierstündigen Ausfahrten mit Mama stets zu Abenteuertrips mit ungewissem Ausgang ausarteten. Thekla, Mama und ich bildeten zweifelsohne ein auffälliges Gespann, was bei den witterungsbedingt zahlreich anwesenden Besuchern der Klinikgärten zu allerlei Getuschel führte. „Ist das nicht …?" Zu einer direkten Kontaktaufnahme reichte es dann aber doch nicht. Mama steuerte uns also mit viel Gottvertrauen (schließlich arbeitet sie als Religionslehrerin!) durch das Krankenhausgelände, und wenn sie einmal alles unter Kontrolle hatte, stellte ich sie mit Extrawünschen vor immer neue Herausforderungen. Auch Brit und ihrem Freund verlangte ich alles ab. Es reichte nicht, mich vor die Bäckerei zu schieben, wo ich meine Nussschnecke oder was auch immer bestellte und mir bringen ließ. Nein, ich musste ins enge Verkaufslokal bis genau vor die Vitrine geschoben werden, um zu sehen, was denn alles zur Auswahl stand.

Wobei essen an sich auch zweieinhalb Wochen nach dem Unfall noch immer nicht zu meinen großen Stärken zählte. Auf der Normalstation gehörte immerhin schon die Suppe zum Standardprogramm, von der Hauptspeise pickte ich mir die sprichwörtlichen Rosinen raus. Nach wie vor machten mir das Kauen und Schlucken Probleme. Wenn ich da an meine Zeit als Leistungssportlerin zurückdenke! Ich hatte vor allem schnell gegessen, damit mehr Platz hatte. Dreimal kauen und runter damit! Jetzt biss ich zwei Minuten an einem Stück Fleisch herum, bis es endlich klein genug war, um es Richtung Speiseröhre zu befördern. Was dazu führte, dass ich nach kauintensiven Mahlzeiten an einer Art Muskelkater laborierte. Meinen Schultern und dem Nacken war es auch schon mal besser ergangen. Durch das permanente Herumliegen hatte ich mit extremen Verspannungen zu kämpfen. Auf die setzte ich die Physiotherapeuten meines Vertrauens an:

Klaus Ullmann, der unsere „Adler" auf Vordermann bringt, und Philipp Gebhart vom Olympiazentrum Innsbruck. Vor allem Letzterer hat den Ruf eines echten Knochenbrechers. Und er wurde ihm auch diesmal gerecht. Nachdem die Schmerzen seiner Behandlung nachgelassen hatten, nahm ich ihn mir, natürlich nicht ganz ernst gemeint, zur Brust: „Ich hätte schon erwartet, dass du mich netter behandelst – jetzt, wo ich behindert bin."

Doch auch das klinikinterne Therapieprogramm konnte sich sehen lassen. Einmal täglich hatte ich Anspruch auf Physiotherapie, und wenn mir der Sinn danach stand, auch noch auf eine Lymphdrainage und/oder Ergotherapie. Diese Form der Wahlfreiheit bei meinen Therapieformen empfand ich als großes Privileg. Vielleicht ausahnend, dass die Selbstbestimmtheit des Patienten im österreichischen Gesundheitssystem nicht überall als auffälligstes Merkmal hervorsticht – wovon ich später ein (Klage-)Lied singen konnte.

Mein Aufenthalt in der Klinik bog langsam in die Zielgerade. Ich hatte mich als Zeichen meines verbesserten Gesundheitszustandes von Station zu Station gehangelt. Aber ich hatte keine Vorstellung, was danach passieren würde. Meine Situation ähnelte der von Leistungssportlern, die in Interviews gerne vorgaben, „nur von Spiel zu Spiel zu schauen". Ich schaute tatsächlich nur von Tag zu Tag, mehr hatte ich nicht auf dem Radar. Demgemäß kam das Thema Rehabilitation erst irgendwann während meiner Zeit auf der Normalstation aufs Tapet. Und ziemlich unvermittelt. Ebenso wie die Information, dass man in einer solchen Einrichtung im Durchschnitt ein halbes Jahr zubrachte. Was mir aber sehr wohl einleuchtete, war, dass ich so, mit all den Schläuchen, nicht in häusliche Pflege entlassen werden konnte. Wo ich die

Reha letztlich verbringen würde, zählte für mich nicht zu den vordringlichsten Fragen. Damit hatte sich Papa beschäftigt, Erkundigungen eingezogen – zum Beispiel viel mit Ex-Motocross-Weltmeister Heinz Kinigadner gesprochen, dessen Bruder und Sohn nach Querschnittsverletzungen im Rollstuhl sitzen. Die Entscheidung fiel letztlich ziemlich eindeutig auf Bad Häring nahe Kufstein. Die moderne Anlage erfreut sich eines guten Rufes und ist, im Gegensatz zum deutschen Murnau, auf Fälle wie den meinen spezialisiert. Auch Nottwil in der Schweiz befand sich in der engeren Auswahl, schied aber aufgrund der zu großen Entfernung aus. Beeinflusst durch die positiven Rückmeldungen über meine nächste „Station" begann ich die Abreise nach Bad Häring herbeizusehnen. Bei einem Physiotherapeuten des Klinikums, der früher in dem Reha-Zentrum gearbeitet hatte, bekam ich wertvolle Tipps, welche Kleidungsstücke ich sinnvollerweise dorthin mitnehmen solle. Worauf niemand von uns gekommen wäre: Unterhosen ohne Naht und um zwei Nummern zu große Schuhe. Beides, um die Gefahr von Druckstellen hintanzuhalten. Die Schuhe orderten wir bei „Nike"-Repräsentant Dietmar Millonig, 3000-Meter-Hallen-Europameister von 1986, bei dem ich schon seit einigen Jahren unter Vertrag stand. Ihm war mein Unfall außerordentlich nahegegangen, auch weil wir einander von etlichen Wettkämpfen kannten und gut verstanden. Seine Tochter Julia hatte fünf Wochen zuvor gemeinsam mit mir die U23-EM in Tallinn bestritten.

Mein Umzug in die Reha-Anstalt hätte ursprünglich schon am Tag nach meinem Geburtstag über die Bühne gehen sollen. Doch wie auf Bestellung nistete sich ein Harnwegsinfekt ein, dessen Vorboten mir wohl schon am Geburtstag und beim Besuch des Präsidenten zu schaffen gemacht hatten.

Er entstand in meinem zentralen Venenkatheter an der Leiste in der Vena femoralis. Während dieser bekämpfte wurde, wurden noch zwei Untersuchungen eingeschoben, auf die ich retrospektiv betrachtet gerne verzichtet hätte. Die erste führte mich durch zahllose Tiefgaragen des Klinikareals in die Frauen-Kopf-Klinik. Dort wähnte ich mich alsbald in einem Horrorfilm. Die zuständige Ärztin brachte mithilfe einer Paste Elektroden an meinem Kopf, meinen Händen und Füßen an. Klarerweise um Strom durchzuleiten. Zuerst von den Füßen zum Kopf, um die Aktivität der Gefühlsnerven zu checken. Dann von den Händen zum Kopf. Done, doch das dicke Ende folgte noch, indem der Strom nun in der Gegenrichtung durch den Körper geschickt wurde. Der Ankündigung, es könne nun ein wenig unangenehm werden, maß ich nicht allzu viel Bedeutung bei. Die Ärztin zählte wie bei einem Countdown runter und drückte gleichzeitig meine Stirn ans Bett. Was folgte, fühlte sich an, als ob mir jemand mit einem Vorschlaghammer voll auf den Schädel schlug. Mein ganzer Körper wurde fünf Zentimeter in die Höhe katapultiert. Trotzdem lehnte ich eine Pause ab, wollte die zwei letzten Stromschläge so schnell wie möglich hinter mich bringen. Nach mehrmaligem Nachfragen erhielt ich Tage später die Nachricht, dass die Nerven in den Armen Strom durchleiteten, die in den Beinen nicht. Und dass diese Erkenntnis aber eigentlich ziemlich wenig Aussagekraft hatte. Okay …

Die zweite Untersuchung hatte ein abschließendes MRT des Gehirns, der Wirbelsäule und der Organe zum Ziel. Also wuchtete man mich in die Röhre und scannte, bis sich die Balken bogen. Rein, zehn Zentimeter nach vor und zurück, nach vor und wieder zurück. Immer und immer wieder. Ich lag da, völlig bewegungsunfähig, hilflos, immer nur die Decke der Röhre im Blickfeld. Irgendwann viel später wagte ich zu fragen: „Dauert's noch lang?" – „Nein, nein, wir sind gleich fertig." Die Tortur ging erst nach über einer Stunde zu Ende, und ich war es auch, vor allem nervlich. Seither gebe ich bei MRT-Untersuchungen stets an, Platzangst zu haben. Was den Vorteil mit sich bringt, dass man in eine Röhre mit großzügigeren Dimensionen geschoben wird, ein montierter Spiegel dafür sorgt, dass man unter anderem das Personal, seine eigenen Füße und noch viel mehr sehen kann.

Am nächsten Tag holte mich der Krankenwagen für die 50-minütige Fahrt nach Bad Häring ab. Der Kalender zeigte Dienstag, den 18. August. Tag 19 nach meinem Unfall. Den Minusrekord für Tetraplegiker hält Daniel, der heute Patienten in Bad Häring bei der Bewältigung von Alltagssituationen wie dem Öffnen der Geldbörse unterweist, mit 18. Ohne Harnwegsinfekt hätte ich die Bestmarke um drei Tage pulverisiert. Mag völlig unbedeutend erscheinen. Andererseits: Wer weiß, wie oft ich, die frühere Vollblutsportlerin, noch die Gelegenheit erhalte werde, Rekorde zu brechen?

# In guten Händen

Wer die riesigen Paläste des AUVA-Rehabilitationszentrums (Allgemeinen Unfallversicherungsanstalt) und des benachbarten Wellnesshotels Panorama Royal in Bad Häring kennt, wundert sich über die doch recht niedrigschwellige Verkehrsinfrastruktur im Umfeld. Auf den letzten Kilometern wähnten Mama und ich uns auf einem schmalen, holprigen Güterweg, der schließlich doch auf die ungleich großzügiger dimensionierte Auffahrt zum Reha-Zentrum abzweigte.

Liegend wurde ich zur Aufnahme transportiert, wo Ankünfte üblicherweise Montag und Donnerstag abgewickelt werden. Für mich wurde eine Ausnahme gemacht. Doch die Dame am Empfang schien sich mit meinem Fall nicht allzu eingehend befasst zu haben. „Ihr Name, bitte!" – „Grünberg!" – „Wie?" – „Grünberg! – „Grün...wald?" Okay, mit meinem Bekanntheitsgrad dürfte es doch noch nicht so weit her sein, grinste ich in mich hinein. Oder mein Gegenüber hatte einfach zwei Wochen lang keinerlei Medien konsumiert. Soll ja vorkommen. Nächste Frage: „Ist Ihr Rückenmark beeinträchtigt?" Hm, wenn nicht, wäre ich hier wohl auf zwei Beinen reinspaziert, also bejahte ich. „Bitte hier unterschreiben!" Ich war versucht zu sagen: „Gute Frau, ich kann einen Stift nicht einmal aufheben, geschweige denn halten oder führen." Aber ich wollte nicht unhöflich erscheinen, fragte deshalb artig, ob wohl meine Mutter an meiner statt ihr Autogramm leisten dürfe. Begeisterung brach keine aus, aber die Empfangsdame ließ es schließlich geschehen.

Nun gut, aller Anfang war schwer, von ein paar Mini-Irritationen zu Beginn ließ ich mich sicher nicht aus dem Konzept bringen. Die ersten positiven Erlebnisse folgten ohnehin auf dem Fuße. Mein Zimmer befand sich im zweiten von insgesamt fünf Stöcken. Unten und oben logieren all jene, die in ihrer Selbstständigkeit nur geringfügig eingeschränkt sind, der vierte Stock ist für Amputierte, der zweite und dritte für Querschnitte reserviert. Wobei in der dritten Etage auch Patienten gepflegt werden, die zusätzlich ein Schädel-Hirn-Trauma erlitten haben. Mir wurde eines der 16 Doppelzimmer zugewiesen, jenes mit der Nummer 207, das ich in den ersten drei Wochen allein bewohnte, weil das Reha-Zentrum nicht voll ausgelastet war. Die Fensterfront und der Balkon meines Zimmers wiesen Richtung Garten. Mit Sicherheit der schönere Ausblick als auf den Parkplatz; dafür sorgte die Sonneneinstrahlung für hochsommerliche Temperaturen. Egal, dafür gab's Vorhänge, alles im grünen Bereich.

Noch am Ankunftstag wurde die zuständige Pflegeleitung, die acht Zimmer beaufsichtigte, bei mir vorstellig, skizzierte in groben Zügen, wie der Plan für die nächste Zeit aussehen würde, welche Therapien angedacht waren. Im Zuge dessen stellten sich auch alle anwesenden Therapeuten vor. Alles machte einen sehr professionellen Eindruck, ich fühlte mich richtig gut aufgehoben. Zumal ich schnell herausfand, dass das Pflegelevel für Querschnittspatienten in Bad Häring doch beträchtlich über dem einer regulären Klinik angesiedelt ist. Das betrifft vor allem auch die Hautkontrolle. Ich lernte viele, viele Patienten kennen, die mit offenen, wundgelegenen Stellen in der Rehabilitation eintrafen. Bis zu faustgroße, eitrige Löcher, deren Heilung unheimlich viel Zeit in Anspruch nahm, machten den Patienten das Leben schwer. Vielleicht wäre auch ich Gefahr gelaufen, so in Bad Häring anzukommen, hätte ich das Krankenhaus nicht im Eilzugstempo hinter mir gelassen. Dort hatte man mich vier Stunden auf der harten Thekla verweilen lassen, normalerweise ein Garant für Druckstellen. Einziger Kommentar: „Das ist aber schon ein bisschen lang." In Bad Häring hätte man so etwas niemals zugelassen. Genauso wenig, wie nur zwei- oder dreimal täglich gewendet zu werden. Im Reha-Zentrum wird ein solcher Lagewechsel zumindest in der ersten Therapiephase routinemäßig alle vier Stunden vollzogen, natürlich auch nachts. Ebenso wurde auf Details wie die Position meiner Arme während der Schlafperioden geachtet. In der angewinkelten Stellung, wie sie sich in der Klinik von selbst ergeben hatte, wäre mein Ellbogen unweigerlich verknöchert, ich hätte den Arm irgendwann nicht mehr durchstrecken können.

Für meine Zeit außerhalb des Bettes stand zunächst ein spezieller Pflegerollstuhl zur Verfügung. Der verfügte über Kopf- und Armlehnen, eine verstellbare Lehne sowie über Griffe mit integrierten Bremsen. Meine erste Mahlzeit in Bad Häring nahm ich an diesem schönen Sommertag, in diesem Pflegerollstuhl sitzend, auf meinem Balkon ein. Den Gemeinschaftsraum mied ich in der ersten Zeit als Ort der Nahrungsaufnahme tunlichst. Ich hatte nach wie vor kaum jemals Hunger und mit dem Kauen und Schlucken sowieso meine liebe Not. Vor anderen Leuten hätte ich vermutlich überhaupt keinen Bissen hinuntergebracht.

Papa hatte inzwischen mein Gepäck nachgebracht, und so trug ich erstmals seit drei Wochen Jogginghose und T-Shirt anstelle des schmucken Krankenhauskleidchens. Die Nacht verbrachte ich allein im Zimmer – auch ein Novum seit dem

Unfall, weil Angehörige in Bad Häring als Begleitpersonen während der Ruhezeiten nicht vorgesehen sind. Ich fühlte mich trotzdem in guten Händen, die Sensorglocke ließ sich einfach bedienen, das Personal war ruckzuck zur Stelle. Tags darauf kamen die Therapeuten gleich ohne Umschweife zur Sache, legten bei mir im Zimmer mit ihren Behandlungen los. Anfangs beschränkten sich diese aufs Mobilisieren, aufs Durchbewegen der Beine, aufs Massieren der Hände. In weiterer Folge verlagerte sich das Geschehen in die diversen Therapieräume. Zunächst wurde ich abgeholt und hingeschoben, später pilotierte ich meinen Rollstuhl selbst zu den einzelnen Terminen.

Der Therapieumfang nahm schnell an Fahrt auf. Nach einer kurzen Eingewöhnungsphase wurde ich jeden zweiten Tag massiert, hinzu kamen Lymphdrainagen und APM-Massagen, eine Methode der chinesischen Medizin, bei der die Meridiane des Körpers mit einem Stab abgefahren werden, um allfällige Staus und Blockaden zu beseitigen. Ein Sidestep in die Alternativmedizin, leider der einzige. Eine halbe Stunde täglich war dazu reserviert, meinen Kreislauf in Schwung zu bringen. Hierfür schnallte man mich auf eine Massageliege, fixierte mich an Knien, Hüfte, Brust und stellte mich auf, bis mir schwindlig wurde, was anfangs ziemlich prompt passierte, da sich das Blut rasch in die unteren Körperregionen bewegte. Um die Dauer in einer halbwegs aufrechten Position zu verlängern, beließ man es zunächst bei einem Winkel von 40 bis 50 Grad. Erst nach drei Monaten stand ich die halbe Stunde in der Vertikalen wirklich durch.

In den ersten zwei, drei Monaten rückte ich mit einer Logopädin meiner Kurzatmigkeit zu Leibe. Ich redete sehr leise und plagte mich ziemlich mit dem Luftholen beim Sprechen. Am auffälligsten trat das Problem beim Essen auf. Die Nahrungsaufnahme allein forderte mich schon vollends, dazu noch eine Unterhaltung zu führen überstieg meine Kräfte. Durch spezielle Atem- und Sprechübungen sowie angeleitetes Vorlesen von Texten bekam ich das Problem schließlich in den Griff. Und das Allerbeste: Schreien kann ich seither auch wieder! Für einen ausufernden Streit reicht es zwar nicht, aber um mich bemerkbar zu machen, wenn ich Hilfe benötige, allemal.

Die Tage rasten von Beginn an dahin, was in erster Linie damit zu tun hatte, dass jede tägliche Verrichtung so ungleich viel mehr Zeit in Anspruch nahm als vor dem Unfall. Aufstehen, duschen, anziehen, frühstücken – und zwei Stunden waren weg wie nix, Therapie, dann Mittagessen, puff, die nächste Stunde dahin, dann Mittagsschläfchen, wieder Therapie, dazwischen, danach der ein oder andere Besuch, Abendessen, Abendtoilette, und gelaufen war der Tag. Die vermehrte körperliche Aktivität verlangte mir glücklicherweise auch ein höheres Schlafpensum ab. Nicht nur dass ich den größten Teil der Nacht durchschlief, ich hatte auch zu Mittag kein Problem, für satte zwei Stunden ins Land der Träume abzubiegen.

Die ersten Tage nutzte ich gleich, um die „eigenen vier Wände" wohnlich einzurichten. Schließlich würde Nummer 207 für die nächsten rund sechs Monate mein Wohn- und Schlafzimmer bleiben. Ich ließ meine Musikanlage aufbauen, drapierte meinen eigenen Kopfpolster auf dem Bett, stellte Kinderfotos auf, suchte einen würdigen Platz für meinen Stoffbären, der mich überall hin begleitete. Und verzichtete auch nicht auf kulinarische Delikatessen. Die von der Oma meines Freundes selbst gemachte Ribiselmarmelade zählte zweifellos dazu. Allmählich füllte sich das Zimmer wieder mit Geschenken, die ohne Unterlass eintrudelten. Alle paar Tage schaffte die Familie einen Großteil der Aufmerksamkeiten nach Hause, sonst hätte man irgendwann einen Lkw-Transport organisieren müssen.

Die zentralste Frage, die es in dieser Anfangszeit zu klären galt, lautete: Funktionshand, ja oder nein? Ja, weil ich meine Hände dann, eingeschränkt, aber doch zum Greifen nützen könnte. Nein, weil die Finger auch im Ruhezustand abgewinkelt wären, die Handstellung ein wenig unnatürlich wirken könnte. Die Frage wurde auch innerhalb der Familie leidenschaftlich diskutiert – auch dann noch, als ich mich längst dafür entschieden hatte, die ersten Maßnahmen längst eingeleitet waren. Die sahen so aus, dass man eine Woche nach der Überstellung damit begann, jeden einzelnen Finger vorwiegend über Nacht mit Tape-Streifen zur Faust zur kleben. In meinem Fall unüblich lang. Immer wieder musste man korrigierend eingreifen, etwa ein Handgelenk über Nacht ruhigstellen, weil sich Schmerzen bemerkbar machten; dafür wurde dann untertags getapt. Erst nach drei oder vier Monaten war das gewünschte Ergebnis erreicht. Die Sehnen hatten sich so weit verkürzt, dass sich die Finger mit einer gewissen Spannung schlossen, sobald man das Handgelenk nach oben zog. Damit waren das Heben und Halten gewisser Gegenstände mit begrenztem Gewicht möglich. Ließ man das Handgelenk locker, öffnete sich die Hand wieder – wenigstens ein Stück weit. Für mich gab es da nicht viel zu überlegen – zumal mir zugesichert wurde, dass sich die Sehnen wieder regenerieren würden, wenn sich die Fingerfunktion eines Tages wieder einstellen sollte.

Doch die lässt bis heute auf sich warten. Tatsächlich sind seit der Klinik keine weiteren Muskeln mehr zum Leben erwacht, es blieb bei Bizeps und Unterarm. Ein großer Teil der Aufmerksamkeit lag daher darauf, die vorhandenen Muskeln zu trainieren und zu schulen, Kraft aufzubauen, um die Koordination zu verfeinern; besser abschätzen zu lernen, wie ich meine Arme bewegen kann. Für die Therapeuten standen zwei Ziele ganz klar im Vordergrund, die sie mit Nachdruck verfolgten: Zum einen sollten die Klienten schnellstmöglich die nötige Kraft/Ausdauer und Geschicklichkeit entwickeln, um alle Distanzen mit dem Rollstuhl überwinden zu können und alle nötigen Manöver zu beherrschen. Zum anderen ging es darum, möglichst rasch selbstständig zu essen. Eine Fertigkeit, die in meiner Prioritätenliste nicht ganz oben aufschien. Weil es mich unheimlich viel Anstrengung kostete – und ich ohnehin gefüttert wurde. Schon die Vorübungen,– etwa mit dem per Klettverschluss ums Handgelenk geschnallten Löffel eine Kugel von einem Teller zum nächsten zu hieven – verlangten mir alles ab. Auch später noch war ich völlig geschlaucht, wenn ich den Löffel fünfmal zum Mund geführt hatte. Im Vergleich dazu erschien mir jede früher absolvierte Maximalkrafteinheit im Fitnessstudio wie ein Nachmittag auf der Couch. Aber Übung machte den Meister; nach ein paar Monaten war es schon wieder völlig unvorstellbar, nicht selbstständig zu essen. Zumal die Tätigkeit als solche mit der dann schon ausgebildeten Funktionshand auch optisch viel mehr hergab. Noch heute aber gestaltet sich das Schneiden etwa von Fleisch recht schwierig. Ich kann nicht genügend Druck ausüben, um das Stück vom Rest zu trennen oder es einfach zu fixieren. Das Spezialbesteck (Messer und Gabel mit einem Metallring, den ich über meinen Handrücken streife) läge bereit, aber ich nütze es nur im Restaurant. Weil es länger dauert, das Messer anzuschnallen, als mir das Fleisch von Mama schneiden zu lassen. Und ein bisschen bequem bin ich auch, ich geb's zu.

Im Nachhinein betrachtet, war die Entscheidung pro Funktionshand absolut richtig. Ich kann Gläser und Tassen gut ergreifen und halten, je schlanker und leichter, desto besser – auch wenn ich zu Hause der Einfachheit halber zumeist mit einem Strohhalm trinke. Auch die Zahnhygiene funktioniert fast wie früher – eine Errungenschaft, die ich in Bad Häring herbeisehnte. Die war mir fast wichtiger, als selbstständig essen zu können. Lassen Sie sich mal die Beißerchen von jemand anderem schrubben – beides probiert, kein Vergleich. Sobald du in der Lage bist, eine Zahnbürste zu halten, putzt du gründlicher als jeder Pfleger. Mit der elektrischen Zahnbürste sowieso. Auf die Frage: „War ich überall?", hätte ich jedes Mal mit „Eigentlich warst du nirgends!" antworten müssen. Heute kann ich sogar die Zahnpastatube öffnen, wenn sie nicht zu fest verschraubt ist. Ein kleiner Trick hilft mir, das rutschige Ding festhalten zu können – wir ummanteln die Tube mit einem Tape. Was ich sonst noch alles kann? Selbst weniger handliche Dinge wie ein Blatt Papier aufheben, Handy und Tablet betätigen – und sogar schreiben. Auch wenn's heute keiner mehr braucht. Ich klemme den Stift mit einer speziellen Technik ein – und schon geht's dahin. Nicht schnell, nicht allzu schön, aber leserlich ist es. Zumindest eine Weile, weil es rasch ziemlich anstrengend wird, wenn nicht das Handgelenk, sondern der ganze Arm die Schreibbewegungen vollführen muss. Für Post- und Weihnachtskarten reicht es aber problemlos. Für Unterschriften sowieso, selbst eine Autogrammstunde würde ich vermutlich durchhalten.

Auch in Sachen Mobilität ließ ich mir keinen unnötigen Druck auferlegen. Knappe zwei Monate hatte ich gebraucht, bis ich des Rollstuhls Herr war, auch kräftemäßig. Das hätte ich sicher schneller hinbekommen können – aber wozu? Nach den Therapien gelang es mir oft nicht mehr, mich aufzuraffen, selbst zu fahren. Außerdem hielt sich untertags fast immer ein Familienmitglied in meiner Nähe auf und schob mich, wohin ich wollte. Zum Ärgernis mancher Pfleger und Therapeuten, denen gar nicht recht war, dass mir beim Essen, bei der Fortbewegung ständig unter die Arme gegriffen wurde. Sie sahen mein Potenzial und wollten, dass ich es ausschöpfte, und zwar sofort, nicht später. Aber noch einmal: wozu? Oft kommen Patienten erst nach zwei Monaten nach Bad Häring, ich rollte nach zweieinhalb Wochen bei der Tür herein. 14 Tage davor war ich noch nicht einmal in der Lage gewesen, meinen Kopf zu heben – so viel Energie hatte der Körper für die lebensnotwendigen Funktionen abgezogen. Da fragte ich mich in Bad Häring schon des Öfteren, warum man mit selbstständig Essen und Rollstuhlfahren gar so herumstresste. Selbstverständlich gab es auch einsichtige Fachkräfte wie meine Ergotherapeutin, die einmal zu mir sagte: „Kira, gib mir Bescheid, was du lernen willst, wann und in welcher Reihenfolge." So machten wir es dann auch: Als ich mich bereit fühlte fürs Esstraining, begannen wir und erzielten rasch Fortschritte.

Ich legte Wert darauf, meinem eigenen Tempo zu folgen, und das war immer noch zügig genug. Auch wenn ich die Vorgabe, täglich beim Rollstuhltraining zu erscheinen, geflissentlich ignorierte. Am 10. September war ich vom Pflegerollstuhl in einen solchen gewechselt, den man selbst antreiben musste. Ähnlich wie beim selbstständigen Essen waren meine Kraftreserven damals binnen kürzester Zeit aufgezehrt. Fünf Meter fühlten sich an wie fünf Kilometer. Nur sieben Wochen später hingegen bewegte ich mich bei der „Nacht des Sports" schon recht selbstständig durch die Menschenmassen. Heute bewältige ich die meisten Wege mit eigener Muskelkraft, nur bei Steigungen und unebenem Terrain benötige ich Unterstützung. Was für Paraplegiker (Lähmung von zwei Extremitäten) durchaus im Bereich des Machbaren liegt, ist für Tetraplegiker (Lähmung aller vier Extremitäten) wie mich oft eine Nummer zu groß. Da helfen dann nicht einmal die gummibeschichteten Handschuhe, die durch ihren Grip am Treibreifen für mehr Speed und spätere Ermüdung sorgen. Was in Zukunft aber helfen wird, ist mein neuer Sopur Helium-Rollstuhl mit E-Motion-Rädern und starrem Rahmen. Analog zu den beliebten Pedelecs für Radfahrer unterstützt er jede meiner Bewegungen mithilfe eines Elektroantriebs. So sollten in Zukunft selbst stärkere Steigungen und Rampen kein unüberwindbares Hindernis mehr darstellen.

Übermäßig geschmeidig sah es nicht aus, wie ich bei meinen ersten Rollitrainings durch die Gegend kurvte. Wobei „kurvte" schon eine Übertreibung darstellt. Geradeaus fahren mit minimalen Lenkbewegungen – das würde es wohl eher treffen. Mit Wendemanövern und Rückwärtsfahren hingegen hatte ich meine liebe Not. Oder auch mit den Sessions unter freiem Himmel, weil Straßen fast immer in irgendeine Richtung abfallen und man mühsam lernen muss, kontinuierlich gegenzusteuern. Wenn ambitionierte Therapeuten eingeteilt waren, konnte das schweißtreibende Tun mitunter durchaus Spaß machen. Da wurden Teams gebildet, die im Luftballon-über-die-Schnur-Spielen gegeneinander antraten, da galt es, mit dem „Pezziball" Tore zu werfen, Kegeln umzuwuchten,

Partnerübungen durchzuführen. Oder mit dem „Rolli" über Gymnastikmatten zu fahren – okay, das ging nicht als Spaß durch, wegen des weichen Untergrundes eher noch als Tortur.

Nichts einzuwenden hatte ich gegen diverse Ausgleichssportarten. Außer dass manche offenbar unbedingt während der Mittagsruhe angesetzt werden mussten. Badminton etwa, das wir mithilfe eines an der Hand festgeschnallten Schlägers spielten. Genauso wie Tischtennis, bei dem ich zunächst all meine Kraft aufbieten musste, um den Ball übers Netz zu bringen. Erst im Laufe der Zeit hatte ich genug Stärke entwickelt, um die Bälle dosieren, in der Schlaglänge variieren zu können. Wobei sich meine Tischtennis-Skills von jeher auf einem beklagenswerten Niveau befanden, es daher nicht allzu viel aussagt, wenn ich behaupte: Ich spiele heute besser als vor dem Unfall. Dass die Betreuer davon etwas bemerkten, wage ich zu bezweifeln. Vor uns stand immer ein ganzer Kübel voller Bälle. Wenn sich selbiger geleert hatte, begannen die Therapeuten, die Zelluloid-Kugeln aufzusammeln. Und noch einmal. Und noch einmal. Ich befürchte, dass die Verschnaufpausen für unsere Ballbuben und -mädchen eher kurz waren. In einer anderen Sportart musste ich gleich das Handtuch werfen: Darts 2.0. Ziel wäre es gewesen, die Scheibe mit einem durch ein Rohr geblasenen Pfeil zu treffen. Dafür aber fehlte mir einfach die Puste.

Dass die Monate der Rehabilitation nicht allzu eintönig verlaufen würden, zeichnete sich schon bald nach der Übersiedlung ab. Der ein oder andere nicht ganz alltägliche Besuch hatte sich angekündigt, ein paar Medientermine waren zugesagt, einige Ausflüge zu ausgewählten Events hatten wir auch schon ins Auge gefasst – immer vorausgesetzt, mein Allgemeinzustand würde sich weiterhin so entwickeln wie bisher. Mein erster Außenkontakt war meinem Geburtstagsgeschenk vorbehalten – Robert Harting. Er hatte sich zwei, drei Tage im Vorhinein angekündigt und traf dann am Morgen des 27. August in Bad Häring ein. Rechtzeitig zum gemeinsamen Frühstück, das ich damals noch im Bett zu mir nahm. Tom hatte Robert vom Flughafen München abgeholt und meinte eine gewisse Nervosität zu orten. Wenn ja, hatte sie sich in meinem Beisein rasch gelegt. Wir hatten ursprünglich eine halbe Stunde für unser Gespräch eingeplant, im Endeffekt quatschten wir eineinhalb Stunden in aller Offenheit. Robert entpuppte sich als viel weniger martialisch, als man ihn aus den Medien kannte. Ich würde ihn sogar als einfühlsam, ruhig, richtig sympathisch beschreiben.

Bei mir war das Eis ohnehin rasch gebrochen. Der Olympiasieger hatte mir ein Wettkampfshirt als Geschenk mitgebracht. Eines der wenigen nicht zerrissenen. Die Legende besagt, dass das eine an mich, das zweite an seine Oma ging, weil die sich öfters darüber echauffiert hatte, dass der Enkel beim Jubeln so teure Textilien mutwillig zerstörte. Um bei der Wahrheit zu bleiben: Es handelte sich um Shirts für die WM 2015 in Peking, die Robert ebenso wie ich verletzungsbedingt verpasste. Mit dem Unterschied, dass sein Kreuzbandriss zwar langsamer als erwartet, aber doch wieder vollständig heilte.

Vier Tage später machte der damalige Sportminister Gerald Klug auf der Durchreise in Bad Häring Station und eröffnete mir, dass er von meinem Wunsch nach einem Assistenzhund Wind bekommen hätte und das Ministerium dieses Projekt finanziell tragen würde. Er zeigte sich überzeugt, dass ich von einer solchen Mensch-Tier-Beziehung sehr profitieren würde. In doppelter Hinsicht nämlich. Genau das war auch mein

Hintergedanke. Einerseits wollte ich einen Hund, der mich bei alltäglichen Verrichtungen unterstützt, um nicht immer auf menschliche Hilfe angewiesen zu sein; der mir die Schuhe und Socken auszieht, Dinge holt oder vom Boden aufhebt, das Licht einschaltet, die Fußgängerampel drückt und vieles mehr. Andererseits erschien es mir aber auch wichtig, dass nicht immer nur ich diejenige bin, die Betreuung und Hilfe braucht, sondern auch Verantwortung für ein anderes Lebewesen übernimmt. Mal ganz abgesehen vom Kuschelfaktor. Ich denke schon, dass mein vierbeiniger Freund ab und an bei mir im Bett übernachten wird. Zumal es mich ohnehin meistens fröstelt. Nachdem die Fieberschübe, die mich in der Klinik heimgesucht hatten, abgeebbt waren, wurde ich zunehmend kälteempfindlicher. Seit ich nun wieder zu Hause bin, laufen alle Familienmitglieder, überspitzt formuliert, in der Badehose herum, während ich mich im Frühling, ja selbst noch im Frühsommer am liebsten in der Gegend des Ofens aufhalte.

Nachdem der Minister sein „Go" gegeben hatte, begannen wir uns mit allerhand Selektionskriterien auseinanderzusetzen. In der Frage der Rasse fiel die Wahl schließlich auf einen Mischling, den Labradoodle, eine derzeit ziemlich im Trend liegende Kreuzung zwischen Labrador und Pudel. Wobei es effektiv die Mischung ist, die diesen Hund für meine Bedürfnisse so perfekt macht. Der Labrador gilt als sehr folgsamer Begleiter, der Pudel wiederum als eigenwillig, dafür fällt er viele Entscheidungen selbstständig und verliert, ganz nebenbei, auch sehr wenige Haare. Brit kümmerte sich um die Auswahl der Ausbildnerin und wurde in der Nähe von Murnau in Bayern fündig. Sicher hätte es auch in unserer näheren Umgebung Möglichkeiten gegeben, aber bei den

uns bekannten Optionen stellte es sich als unmöglich heraus, sich den Hund selbst auszusuchen. Das aber war meine
Grundbedingung.

Anfang November erhielten wir einen Anruf der Ausbilderin, die von einem Wurf der gewünschten Mischung in Starnberg am See berichtete. Die elf Welpen waren knapp drei Wochen alt, begannen gerade ihre Augen zu öffnen, als wir am 14. November eintrafen. Meine Vorlieben hatte ich davor festgelegt: Mein Assistenzhund sollte ein Männchen, relativ groß und kräftig sein. Aus dem einfachen Grund, weil der Nutzen für mich nur dann gegeben ist, wenn mein Begleiter über den Rollstuhl blicken kann. Unter den Hundebabys herrschte große Nervosität, sie tapsten mal hier hin, mal da hin, am liebsten hielten sie sich aber in der Nähe ihrer Mutter auf. Nur einer, ein Männchen, relativ groß, kräftig, machte es sich auf meinem Schoß bequem, kringelte sich ein und begann ein Nickerchen zu halten. Für Züchter, Ausbildnerin und uns lag auf der Hand: der oder keiner! Etwas später legten wir uns auf den Namen fest: Balu. Weil er mich – braun, groß, kräftig – an einen Bären erinnerte.

Rund ein Jahr nimmt die Ausbildung in Anspruch, beginnend mit „Sitz" und „Platz" über die Unterscheidung von „Ball" und „Frisbee" bis hin zu „bei Fuß gehen". Im Sommer hätte ich Balu gern testweise ein oder zwei Wochen zu mir genommen, doch der Knabe geruhte, ein Spätentwickler zu sein, durchlebte zu dieser Zeit gerade die Pubertät, in der man ihn nicht noch zusätzlich durch Ortswechsel verwirren sollte. Gegenseitig besucht haben wir einander aber schon fünfmal, er mich auch einmal in Bad Häring. Bei einem Tagesausflug im Juni zeigte sich Balu schon von seiner besten Seite. Wenn ich mit ihm spazieren ging, lief er zwar immer mal wieder voraus. Blieb ich aber mit meinem Rollstuhl stehen, kehrte er unverzüglich zu mir zurück. Der endgültige Umzug ist nun für den Winter 2016/17 geplant. Sollte ich nach der Übergabe noch zusätzliche Fertigkeiten von Balu benötigen, käme die Ausbildnerin vorbei und würde sie ihm vor Ort beibringen.

Auch am 3. September hatte sich bei mir hoher Besuch eingefunden. Für eine frühere Stabhochspringerin der höchst mögliche: Renaud Lavillenie. Der 1986 geborene Franzose, Olympiasieger von London, ist der Mensch, der mit dem Stab die bislang größte Höhe überquert hat: 6,16 Meter. In die Geschichtsbücher fand dieser Hallen-Weltrekord am 15. Februar 2014 Eingang (was ihm prompt den Titel des „Weltsportlers des Jahres" eintrug) – noch dazu in Donzek, der Heimatstadt von Sergej Bubka, der die Bestmarke in den 20 langen Jahren davor gehalten hatte.

Renaud hatte sich extra für mich am nächsten Tag für den City Jump in Salzburg angemeldet und spontan bekannt gegeben, für mich zu springen und sein Startgeld zu spenden. Am späten Nachmittag vor dem Wettkampf besuchte er mich mit seinem Trainer Philippe d'Encausse. Wir saßen auf dem Balkon, er erzählte mir, wie es passiert war, dass er bei der WM in Peking kurz davor „nur" Bronze holte, obwohl er sich fit genug und in der Lage gefühlt hatte, den Freiluft-Weltrekord (natürlich auch von Bubka) zu attackieren. Klarerweise interessierte ihn mein Unfallsprung brennend, und so führten wir ihn auf DVD vor, mal schneller, mal langsamer, bis Renaud jedes Detail analysiert hatte. Seine Conclusio lautete, dass kein gravierender Fehler auszumachen sei, dass nicht alles hundertprozentig zusammenpasse, aber dass es keinen ersichtlichen Grund für diesen fatalen Ausgang gebe. Er selbst habe im Laufe seiner Karriere viele ähnliche Sprünge produziert, aber es jedes Mal knapp auf irgendeinen Teil der Matte geschafft.

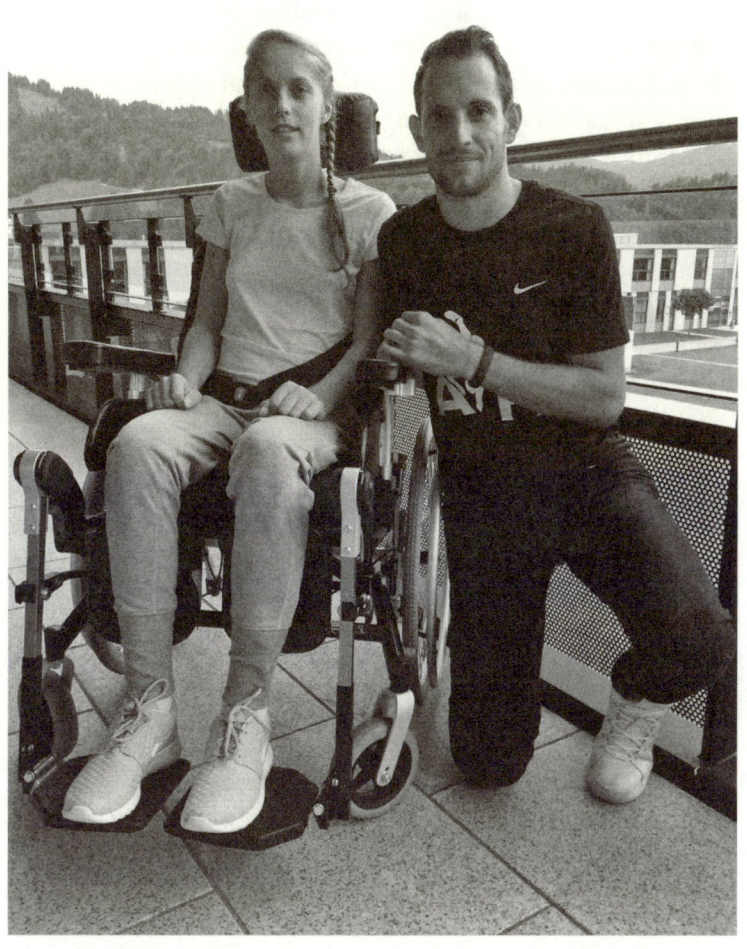

Tags darauf lieferte Renaud Lavillenie auf dem Salzburger
Kapitelplatz vor 4.000 Zuschauern die perfekte Show ab. Bei
bedecktem Himmel und kühlem Wetter mühte er sich in zahl-

reichen Versuchen auf die größte Höhe, die je auf österreichischem Boden übersprungen wurde – 5,93 Meter. Man sah ihm an, dass es eine Herzensangelegenheit war, bei diesem Wettkampf überzeugend zu performen. Wobei ihm die mobile Sprunganlage ein klein wenig entgegenkam. Der Untergrund schwingt nämlich im Rhythmus leichtgewichtiger Athleten, wie der Hallen-Weltmeister von 2016 einer ist, erzeugt beim Absprung einen minimalen Katapulteffekt. Nach meiner Begegnung mit diesem sympathischen und geerdeten Sportler freute ich mich ganz besonders, dass mir der Europäische Leichtathletikverband das Angebot machte, bei der Europameisterschaft im Juli 2016 die Medaillen an die Top 3 im Stabhochsprung der Herren zu überreichen. Allein – Renaud befand sich am Ende nicht unter den Prämierten. Er hatte sich entschlossen, trotz der schwierigen Windbedingungen bei 5,75 Metern einzusteigen – nachdem auch die letzten verbliebenen Konkurrenten ihren Wettkampf mit übersprungenen 5,60 Metern beendet hatten. Doch am Ende stand Renaud mit drei Fehlversuchen und ohne Ergebnis da. Und mit dem Vorwurf, er habe sein viertes EM-Gold in Serie aus Hochmut mit nur einem Sprung erobern wollen. Hochmut kommt vor dem Fall – ein schönes Sprichwort, wie geschaffen für Stabhochspringer. Im Falle von Renaud Lavillenie aber völlig unpassend. Wir trafen einander später zufällig auf dem Parkplatz, er fiel mir gleich um den Hals, und wir quatschten über den Wettkampf. Wir verabredeten uns schließlich für ein Abendessen in Paris, weil ich meinen Urlaub so getimt hatte, um beim Diamond League Meeting am 27. August im Stade de France zugegen sein zu können.

Der September 2015 stand ganz im Zeichen einer Fülle von Charity-Veranstaltungen, die für mich initiiert, organisiert und durchgeführt wurden. Eine Welle der Hilfsbereitschaft wogte durch das Land. Was mich gleichermaßen freute und motivierte. Den Anfang machte „Laufen für Kira" – ein von Leichtathletik-Coach Wilhelm Lilge aus der Taufe gehobener Charity Run am 2. September, der sogar auf „Ö3" live übertragen wurde. 3.300 Läufer, unter anderem Sportkollegen wie Lara Vadlau, Jennifer Wenth, die direkt von der Leichtathletik-WM in den Prater düste, Biathlet Simon Eder oder Wasserspringer Constantin Blaha spulten trotz Regens ebenso Distanzen zwischen zwei und 15 Kilometern ab wie Gesundheitsministerin Sabine Oberhauser oder Chart-Dauerbrennerin Christina Stürmer. Durch das Startgeld, das als freiwillige Spende eingehoben wurde, kamen über 65.000 Euro zusammen. Eigentlich über 70.000, denn Willy Lilge wurde für das Projekt bei der „Nacht des Sports" mit dem mit 5.000 Euro dotierten „Sportler mit Herz"-Award ausgezeichnet, ließ die Summe aber gleich an mich weiterleiten. Dass er, der während der Verleihung in den USA weilte, dann auch noch um die Trophäe umfiel, lag nicht in meiner Absicht. Man drückte sie mir in die Hand, und ich ließ sie nicht mehr los. Soweit mir bekannt, bemühte sich der Ideengeber aber erfolgreich um ein Duplikat.

Am 15. September hingegen ging die Auszeichnung rechtmäßig an mich. Beim Leading Ladies Award des Frauenmagazins „Madonna" wurde ich im Palais Niederösterreich in Wien als „Stärkste Frau des Jahres" geehrt. Ich konnte nicht vor Ort sein, dabei war ich trotzdem – per Livestream in meinem Zimmer in Bad Häring. Dort wurde ich Zeugin meiner eigenen, eine Woche davor aufgenommenen Videobotschaft und einer selbst verfassten, sehr emotionalen Rede meiner Schwester Brit, während der das Publikum, so hatte es den

Anschein, nicht einmal zu tuscheln wagte. Im Anschluss nahm sie von Herausgeberin Jenny Fellner einen Scheck über 70.000 Euro in Empfang, den der Unternehmer Gaston Glock und seine zweite Ehefrau Kathrin ausgestellt hatten. In weiteren (allerdings nicht dotierten) Kategorien siegten unter anderem Größen wie Topmodel Nadine Leopold (Fashion), „Die Vorstadtweiber" (TV), Mandy Capristo (DSDS/Entertainment), drei Flüchtlingshelferinnen („Mensch sein in Österreich") oder Sabine Oberhauser (Gesundheit).

Ein großer Geldbetrag kam auch durch eine Initiative des Österreichischen Olympischen Comités und der Österreichischen Sporthilfe zusammen. Dafür wurden auf deren Crowdfunding-Plattform „I believe in you" signierte Trikots von österreichischen und deutschen Fußball-Bundesligisten versteigert. Zudem bot eine ganze Reihe von österreichischen Topsportlern „Things you can't buy"-Exponate an. So konnte man, um drei von sehr vielen Beispielen zu nennen, ein Krafttraining mit Marcel Hirscher, ein „Meet and Greet" mit David Alaba oder zwei Plätze am Tisch von Anna Fenninger bei der „Nacht des Sports" erstehen. Der Reinerlös von 102.500 Euro, zu dem unter anderem der Österreichische Fußballbund sowie Mercedes-Motorsportchef Toto Wolff und seine Frau Susie großzügig beitrugen, kam zu gleichen Teilen Vanessa Sahinovic und mir zugute.

Der querschnittsgelähmten Synchronschwimmerin, die sieben Wochen vor meinem Unfall in Baku von einem Bus überrollt worden war, begegnete ich übrigens bald darauf im dritten Stock des RZ Bad Häring. Unsere Eltern waren schon länger telefonisch im Austausch gestanden, jetzt lernte ich das Mädchen, das in der Reha ihren 16. Geburtstag feierte, persönlich kennen. Vanessa entpuppte sich als netter, schüchterner Teenager. Aber ich tat mir schwer, mit ihr warm zu werden. Vielleicht lag es daran, dass all meine Fragen an sie von ihrer Mutter beantwortet wurden. Vanessa blieb übrigens nur etwas mehr als zwei Monate in Bad Häring. Dem mehrfach geäußerten Wunsch ihrer Eltern nach mehr und anderen Therapien wurde nicht entsprochen, also zogen sie die Konsequenzen. Vanessa setzte ihre Therapie nach einem Tipp meiner Eltern im deutschen Pforzheim fort.

Eine nicht ganz alltägliche Sachspende hatte man für den „Tag des Sports" auf dem Wiener Heldenplatz vorbereitet. Event-Sponsor General Motors gab bekannt, mir einen Opel Combo zur Verfügung zu stellen. Lieb gemeint, aber in dem Auto stünde ich keine 15-minütige Fahrt durch. Was nicht am Fahrzeug, sondern an mir liegt. Der Rollstuhl wird bei diesem Auto durch die Heckklappe in den Kofferraum geschoben und steht dort während der Fahrt auf einer schrägen Rampe. Was für mich bedeutet, dass ich die gesamte Zeit den Kopf ohne Rumpfmuskulatur in der Balance halten müsste. Man darf auch meinen Platzbedarf nicht unterschätzen, wenn ich auf Reisen gehe. Rollstuhl, Duschrollstuhl, allerhand Pflegeutensilien – da kommt was zusammen. Kurzum, wir fragten das Fahrzeug nie an, es kam nie zur Auslieferung. Ursprünglich hatte ich ohnehin ein Auto angepeilt, das ich, wie andere Tetraplegiker auch, selbst pilotieren könnte. Derzeit noch Zukunftsmusik, deshalb verständigten wir uns im Mai 2016 mit General Motors auf einen für mich adaptierten Opel Vivaro. Wobei den Umbau, der im Idealfall eine im Unterboden versenkbare Kassette umfassen sollte, die mich seitlich ins Fahrzeug hievt, die Franz-Klammer-Stiftung zu tragen bereit wäre. Gut möglich, dass das Projekt noch 2016 abgeschlossen werden kann.

Überall wurden Benefizspiele organisiert (z.B. 1860 München vs. Wacker Innsbruck oder Haubenköche gegen eine Promi-Auswahl mit Olympiasieger Fritz Strobl, Skispringerin Daniela Iraschko-Stolz, Ex-Nationalteamkicker Walter Schachner etc.), Mannschaftskassen geplündert (wie etwa beim deutschen Handball-Klub-Weltmeister Füchse Berlin), Trikots signiert und versteigert (z.B. von der kubanischen Stabhochsprung-Weltmeisterin Yarisley Silva), Sammelboxen aufgestellt (auch beim Linzer Leichtathletik-Meeting Anfang August, wo ich mein Comeback hätte feiern sollen). Und gelaufen wurde auch mehrfach für mich (z.B. beim Benefizlauf, u.a. mit Gregor Schlierenzauer und Elisabeth Görgl, im Innsbrucker Olympiazentrum oder sogar 24 Stunden lang auf Laufbändern, wie vom Heeressportzentrum lanciert). Für jede einzelne dieser Initiativen kann ich mich gar nicht genug bedanken. Eine Begebenheit in der Innsbrucker Klinik veranlasste uns allerdings dazu, die Großzügigkeit der Menschen, wenn sich die Möglichkeit bot, nicht mehr an die große Glocke zu hängen. Eine Woche nach meinem Unfall hatte sich nämlich ein Journalist einer renommierten deutschen Tageszeitung gemeldet, um auszuloten, was man denn sinnvollerweise tun könne, um Kira Grünberg nachhaltig zu unterstützen. Die Antwort der Klinik-Bediensteten lautete: „Gar nichts. Die Grünbergs sind nur mehr damit beschäftigt zu überlegen, was sie mit all dem Geld machen sollen."

Mir ist meine privilegierte Position, sofern man davon im Falle einer Querschnittslähmung sprechen kann, durchaus bewusst. Und natürlich auch, dass es eine Unmenge an Menschen gäbe, die eine Unterstützung dieser Art genauso verdienen würde. Nicht nur finanziell, sondern durch einen starken Familienverbund, ein starkes Team rundherum. Ich glaube aber auch, dass mein Kampf um ein selbstbestimmtes Leben, um die bestmöglichen Therapien, mein Hinterfragen gängiger Praktiken in unserem Gesundheitssystem, meine Zusammenarbeit mit einigen der renommiertesten Wissenschaftler mittel- und langfristig einen Nutzen für eine viel größere Menge an Patienten nach sich ziehen kann. Ich habe mir fest vorgenommen, mich für die Implementierung einer Stiftung einzusetzen, die Härtefälle abfedert, die ein Team aus Neurologen, Psychologen, Sozialberatern etc. stellt, das Querschnittsgelähmten den Start in ein neues Leben erleichtert, aber auch unabhängig berät, welche Form der Therapie die zweckmäßigste ist. Nur ein Beispiel, was den Unterschied ausmachen kann. Meine Eltern kümmerten sich von Beginn an darum, unser Haus in Kematen behindertengerechter zu gestalten, um den Einbau eines Liftes und vieles mehr. Wenn ich wollte, konnte ich mich einbringen, die Fliesen für mein neues Badezimmer aussuchen, wenn nicht, entschied mein Vater für mich. Okay, das tat er mitunter auch, obwohl ich mich eingebracht hatte. Ich konnte mich völlig auf die Rehabilitation, aufs Gesundwerden konzentrieren. Ein anderer Patient, der vielleicht alleinstehend ist, keinen starken Familienverband um sich weiß, der vielleicht noch einen Freizeitunfall erlitten und keine Zusatzversicherung abgeschlossen hat, muss aus der Therapie sein gesamtes neues Leben organisieren, vielleicht noch mit sehr begrenzten finanziellen Mitteln. In einer Phase, in der ganz andere Dinge Priorität haben müssen, in der man körperlich und mental mit sich selbst beschäftigt ist, in der man unmöglich einen Kopf für solche weitreichenden Planungen haben kann. Da ist es dann nicht mehr weit, aus lauter Überforderung in dieses so oft beschworene schwarze Loch hineinzuschlittern, in eine

Depression, die dich dann über Wochen oder Monate gefangen hält.

Mein erster großer Medienauftritt war von langer Hand geplant. Noch bevor ich in Bad Häring eincheckte, stand fest: Am 11. und 12. September, also rund sechs Wochen nach dem Unfall, würde mich die „Thema"-Redaktion des ORF in Gestalt von Christoph Feurstein in der Reha besuchen und daraus einen Beitrag über meinen gegenwärtigen Gesundheitszustand basteln. Ich fand es wichtig, endlich einmal ohne den Filter einer Presseaussendung, die immer Interpretationsspielraum lässt, meine Sicht der Dinge darlegen zu können. Ich hatte ein gutes Gefühl dabei, weil Feuerstein, beginnend mit Natascha Kampusch, jede Menge Erfahrung mit Schicksalsschlägen aller Art hat und daher von einer feinfühligen Interviewführung auszugehen war. Worüber ich zu diesem Zeitpunkt keine Kenntnis hatte, war, dass Dr. Burkhart Huber, seines Zeichens ärztlicher Leiter des Rehabilitationszentrums, diesen TV-Dreh zu verhindern trachtete. Als mein Papa und Tom ihn in einer Art Vorstellungsgespräch an einem der ersten Tage über die Pläne in Kenntnis setzten, ließ seine Antwort wenig an Deutlichkeit zu wünschen übrig. „Eines kann ich Ihnen versprechen: Dieses Interview wird zu diesem Zeitpunkt ganz sicher nicht stattfinden." Er argumentierte, dass dieser Termin eine viel zu große Belastung für mich wäre und daher viel zu früh käme. Merkwürdig: Der Primar hatte mich zu diesem Zeitpunkt noch gar nicht zu Gesicht bekommen. Im Endeffekt ging alles wie geplant über die Bühne, und Dr. Huber gab „Thema" sogar ein Interview über die medizinische Dimension meines Falles. Was aber nur deswegen umsetzbar war, weil Tom seine Kontakte zur Allgemeinen Unfallversicherungsanstalt, der Betreiberin des RZ Häring, nutzte, den Termin abstimmte und die Drehgenehmigung erwirkte. Diesen ersten Konflikt, aus dem mich mein Umfeld heraushielt, werte ich als ersten Vorboten einer „Das Gesetz sind wir"-Haltung, die ich in der Folge nur allzu oft zu spüren bekam. Gegen die ich aber nicht müde wurden anzukämpfen. Letztlich auch immer wieder erfolgreich.

Der Dreh war auf zwei Tage anberaumt worden, um mich nicht zu überanstrengen und nicht zu viele Therapien ausfallen zu lassen. Die, die anstanden, wurden gleich als Motive genützt – Logopädie, Physio- und Ergotherapie. Als weitere Settings wurden Garten und Balkon auserkoren, wo in gestellten Situationen einmal meine Mutter, einmal die ganze Familie miteinbezogen wurde. Ich hatte erst vor wenigen Tagen vom Pflegerollstuhl auf den normalen gewechselt, konnte aber noch nicht allzu lange in ihm sitzen. Daher beschlossen wir, das Interview am zweiten Tag in meinem Zimmer zu drehen, während ich im Bett lag. Als ich Nr. 207 betrat, traute ich meinen Augen nicht. Der Raum war in ein TV-Studio mit tausenden Kabeln, Scheinwerfern und zwei Kameras, eine davon auf Schienen bewegbar, umfunktioniert worden. Eine Stunde stand, eigentlich lag, ich Christoph Feurstein Rede und Antwort. Ich glaube, dass das Gespräch meinen damaligen Zustand sehr gut widerspiegelte. Obwohl ich zwischendurch sogar ein klein wenig Mühe hatte, ernst zu bleiben, weil mir etwas wirklich Kindisches einschoss: Wenn ich Feurstein hieße, würde ich meinen Sohn Fred nennen.

# Gegen den Strom

Es muss wohl so nach fünf Wochen gewesen sein, als meine Familie und ich uns zu fragen begannen, ob das Rehabilitationsprogramm in Bad Häring der Weisheit letzter Schluss sein könne. Die Pflege – unbestritten auf hohem Level. Die Therapien auch – aber sollte es das gewesen sein? Woran konnte man ablesen, dass, wie stets im Zentrum propagiert wurde, jeder Querschnitt individuell zu betrachten sei? Es spulte doch jeder das gleiche Programm ab. Und die allermeisten Übungen zielten auf einen möglichst hohen Grad an Selbstständigkeit ab – aber immer im Rollstuhl. Und immer besser früher als später. Deshalb das intensive Rollstuhltraining, das die Patienten oft bis an den Rand der vollkommenen Erschöpfung brachte, deshalb das immerwährende Dringen auf selbstständiges Essen. All das deckte sich so gar nicht mit den Rechercheergebnissen, mit denen mich Papa immer wieder konfrontierte. Er ließ sich Therapiepläne von ausgewählten deutschen Reha-Instituten schicken, redete mit Gott und der Welt, vor allem aber auch mit echten Experten über meine Situation. Und kam immer wieder zu demselben Schluss. Im ersten Jahr nach einer Querschnittslähmung solle die Regeneration im Vordergrund stehen, Training nur mit Maß und Ziel stattfinden, stattdessen auf vielfältige Art und Weise versucht werden, etwaig noch vorhandene Muskelfunktionen aufzuspüren, diese zu stimulieren und zu entwickeln.

In Bad Häring aber wusste man als Patient nicht einmal, welche Therapiemöglichkeiten zur Verfügung standen. Nicht einmal auf Nachfrage wurde dieses Geheimnis gelüftet. Wovon Brit und ich uns in einem Gespräch mit Richard Altenberger, Leiter der Physiotherapie, am 2. Oktober überzeugen konnten. Uns ging es primär darum, die eine oder andere Trainingseinheit mit dem Lokomat durchzusetzen. Ein roboterunterstütztes Gerät, das die natürliche Gehbewegung auf dem Laufband unterstützt, indem Elektromotoren die Ober- und Unterschenkel antreiben, während der Patient in Haltegurten gesichert ist. Ich wollte lediglich austesten, wie es sich anfühlte, wollte auch aus psychologischen Gründen einfach mal wieder Gehbewegungen simulieren. Aber ganz abgesehen davon regt es den Kreislauf an, die Lunge wird gut belüftet und vieles mehr. Altenbergers Antwort lautete: Nein. Eine Lokomat-Therapie sei nur für Patienten mit inkomplettem Querschnitt vorgesehen. Eine Behauptung, die auch hochrangige Wissenschaftler nicht nachvollziehen können. Nächster Versuch: Motomed, ein motorbetriebenes Therapiegerät, das die Beine bewegt. Gleiche Frage, gleiche Antwort. Und überhaupt habe er 30 Jahre Erfahrung und wisse am besten, was Patienten brauchen. Skurrilität am Rande: Für die weitere Therapie stellte mir die Versicherung ein Motomed-Therapiegerät ohne mit der Wimper zu zucken zur Verfügung. Aber eines, das Beine und Arme bewegt. Würde sie das wohl tun, wenn das Gerät keinen Nutzen hätte? Dass es in Bad Häring Bäder-, Fango-, Balneo-, Farb- Musik- und Hydro-Jet-Therapien gibt, wusste ich zu diesem Zeitpunkt nicht. Ebenso wenig war mir die Möglichkeit von Cranio-Sakral-Therapien bekannt. Die genoss ich (und genieße sie bis heute) privat bei Traudi Mauracher, eine Empfehlung von Dr. Schönfelder. Ein vollständiger Überblick über die Therapien hätte mir aber wohl auch nichts genützt, ich wäre noch immer von der Genehmigung von „Mr. Njet" abhängig gewesen. Wahrscheinlich hätte ich ein Psycho-Problem benötigt, um zu der ein oder anderen Anwendung zugelassen zu werden.

Das Gespräch verlief also ergebnislos, aber meine Familie und ich dachten gar nicht daran, klein beizugeben. Im Gegenteil. In den nächsten Tagen gaben sich die Top-Neurologen in Zimmer 207 die Klinke in die Hand. Wir hatten die Treffen der Anstaltsleitung angekündigt, ernteten dort aber hauptsächlich Unverständnis. „Ja, die kennen wir. Aber was wollt ihr denn mit denen?" Man schien es als Majestätsbeleidigung, als Misstrauensvotum aufzufassen, eine zweite Meinung einzuholen sowie zusätzliche Therapiewege einzuschlagen. Als die Koryphäen der Neurologen-Zunft dann in Bad Häring reinspazierten, fand es niemand der Mühe wert, auch nur „Hallo" zu sagen, geschweige denn, sich deren Sicht der Dinge zu meinem Fall anzuhören. Zuerst besuchte mich Dr. Leopold Saltuari, Vorstand der Neurologischen Abteilung des Landeskrankenhauses Hochzirl und Spezialist für Robotik in der Neurorehabilitation. Sein Stellvertreter, Dr. Miklos Marosi, hatte nach dem „Thema"-Beitrag mit Papa Kontakt aufgenommen und meinte, ich müsse mit diesem zeitlichen Abstand zum Unfall schon wesentlich mehr Funktionen abrufen können. Er machte den Vorschlag, ein Treffen mit Dr. Saltuari zu organisieren, wir stimmten bereitwillig zu. Was Dr. Marosi nicht wissen konnte, war, dass ich beim TV-Dreh mit meinen Bewegungen noch eher sparsam umgegangen war, um nicht überzogene Erwartungen zu schüren. Dr. Saltuari führte eine ausführliche neurologische Untersuchung durch, fokussierte auf mein Empfinden, speziell an den Fingern. Zwei Tage später erschien Dr. Milan Dimitrijevic, früher Leibarzt von Jugoslawiens Staatschef Tito, seit Jahrzehnten Universitätsprofessor am Baylor College of Medicine in Houston, Texas. An seiner Seite: DI Dr. Winfried Mayr (MedUni Wien) und ein weiterer Mediziner. Sie alle interessierten sich vorrangig für meine Reflexe. Mayr hatte sich schon Mitte September mit mir auseinandergesetzt, hatte mich, meine Bewegungen, das ganze Drumherum beobachtet und Papa eine erste Einschätzung übermittelt: „Die hat euch ganz schön im Griff."

Meine Reflexe waren zum Zeitpunkt des Besuches erst teilweise zurückgekehrt, noch wirkte der spinale Schock, der durch eine akute Schädigung des Rückenmarks ausgelöst wird und zwischen zwei Wochen und sechs Monaten anhalten kann. Dabei fährt der Körper alle nicht lebensnotwendigen Funktionen zurück, die Reflexe eben, auch die Menstruation bleibt aus. Mit dem beginnenden Ausklingen des spinalen Schocks im Oktober (endgültig überwunden war er erst im Dezember) setzten bei mir die bei Tetraplegikern üblichen Spastiken ein. Diese nicht steuerbaren spontanen Muskelaktivitäten resultieren aus noch intakten Rückenmarkanteilen unterhalb der Schädigung. Bei mir sind diese Spastiken ziemlich ausgeprägt. Einerseits wünschenswert, weil Knochen belastet, Körperteile durchblutet werden, meine Beine zum Beispiel nicht so stark abgebaut, sich nicht zu Zahnstochern entwickelt haben wie bei vielen Querschnittspatienten mit schlaffer Lähmung. Man kann auch länger sitzen, weil die Gesäßmuskeln nach wie vor vorhanden sind, man nicht direkt auf dem Knochen verweilen muss. Der Clou: In ferner Zukunft könnten sich diese nicht kontrollierbaren Bewegungen dereinst kontrolliert nützen lassen.

Die Kehrseite der Medaille: Diese Spastiken sind lästig, weil sie gut und gerne 20 Mal pro Tag auftauchen und schon auch mal eine Minute andauern können. Wenn du gerade nach etwas greifst, sich die Finger aber unkontrolliert öffnen oder schließen, brauchst du das in diesem Moment gar nicht. Die Spastiken sind auch dafür verantwortlich, dass ich eigentlich nie allein gelassen werden sollte. Einmal befand sich Mama gerade im Nebenzimmer, als so eine unkontrollierte Muskelaktivität von mir Besitz ergriff, während ich im Rollstuhl saß. Nachdem sie bei mir in der linken Bauchmuskulatur stärker auftrat als rechts, zog es meinen ganzen Körper auf die Seite. Als mich Mama fand, war mein Kopf nur mehr ein paar Zentimeter vom Boden entfernt, es hätte mich also beinahe aus dem Rollstuhl bugsiert. Das kann auch beim plötzlichen Zusammenziehen der Bauchdecke passieren. Die Situation verschlimmert sich, wenn mit meinem Körper etwas nicht stimmt, ich gerade an einem Harnwegsinfekt oder Ähnlichem leide. Dann kann ich keine zehn Minuten im Rollstuhl sitzen, ohne dass ich nicht durchgeschüttelt werde.

Es gibt Situationen, in denen die Spastiken regelmäßig auftreten, gewissermaßen abrufbar sind. Zum Beispiel beim Ins-Bett-Legen. Das kann dann so aussehen, dass ich flach auf dem Rücken liege und meine Beine wie auf Kommando zu zappeln beginnen und unkontrolliert in Gesichtsnähe auftauchen. Oder beim Duschen, wenn das Wasser zum ersten Mal den Körper berührt und der Rückenstrecker reagiert. Einige dieser Spastiken würde ich als durchaus unangenehm bezeichnen. Etwa wenn die Finger das tun, wofür sie aufgrund der herbeigeführten Sehnenverkürzung eigentlich nicht mehr gemacht sind – sich vollends auszustrecken. Oder sie entscheiden sich für das genaue Gegenteil, aber mit einer derartigen Vehemenz, dass sich die Fingernägel in die Handinnenfläche krallen. Möglichkeiten, die Spastiken zurückzudrängen, vielleicht zu unterdrücken, gibt es – auf medikamentöser Ebene. Doch mit Botox und ähnlichen Präparaten läuft man Gefahr, die Nerven überhaupt gleich abzutöten, was so gar nicht in meinem Sinne wäre. Wogegen ich sehr wohl medikamentös vorgehe, ist meine Blasenspastik. Die sorgt dafür, dass meine 500 ml große Blase kontrahiert, sobald sie etwa halb gefüllt ist. Ein aus zweierlei Gründen unerwünschter Vorgang. Einerseits interpretiert die Blase den Druck irgendwann als Signal, sich zu öffnen. Andererseits verhärtet die Blasenwand durch das Zusammenziehen zusehends, was in weiterer Folge eine Schrumpfblase zur Folge hätte. Bei dem Versuch, die anderen Spastiken im Zaum zu halten, beschritten wir mal wieder einen anderen Weg und konsultierten Dr. Mayr in Wien. Der Spezialist für biomedizinische Technik und Rehabilitationstechnologie überreichte mir Ende Oktober in Wien ein Gerät, das die Nerven mit Strom stimuliert und ihnen dadurch die Lust an zusätzlichen spontanen Reaktionen nehmen soll. Bis dato ist ihnen die Lust bei Weitem noch nicht vergangen …

Neben dem sich anbahnenden Ungemach mit der Anstaltsleitung wurden im Laufe der Zeit auch kleinere Dissonanzen mit Mitgliedern des Pflegepersonals spürbar. Ein erster Zankapfel: die Wahl des Katheters. In der letzten September-Woche entschloss ich mich, vom Dauer- auf den Einwegkatheter umzurüsten. Ohnehin viel später, als es die Pfleger von mir gefordert hatten. Für den Systemwechsel sprachen aber gute Gründe: Eine permanent entleerte Blase und ein dauerhaft entspannter Muskel – beim Dauerkatheter die Regel – können langfristig negative gesundheitliche Folgen heraufbeschwören. Von der größeren Gefahr von Harnwegsinfekten abgesehen, ist es auch nicht jedermanns Sache, ständig mit einem gefüllten Urinbeutel am Bein herumzulaufen. So ganz happy machten mich die Einwegkatheter aber auch nicht. Deshalb gab ich meinen Eltern einen Rechercheauftrag mit auf die Reise zur Paracelsus-Messe in Düsseldorf: sich die gesamte Breite des Katheter-Marktes zu Gemüte zu führen. Der Ausflug förderte wahre Wunderdinge zutage. Denn während die herkömmliche Billig-Variante nur aus einem Schlauch besteht, der in die Harnröhre eingeführt wird und dabei alle Keime Richtung Blase schiebt, verfügt das ungleich ausgeklügeltere Modell über einen Plastikstöpsel, der als „Puffer" für den Schlauch fungiert. Letzterer wird an den Keimen am Eingang vorbei durch den Stöpsel ins Innere geführt, ohne die Harnröhre an der kritischen Stelle zu berühren.

Vom Pflegepersonal, mit dieser Errungenschaft konfrontiert, erntete ich wenig Applaus. Ich erfuhr, dass in Bad Häring alle erdenklichen Varianten von Kathetern vorrätig seien, aber nur der eine, billige, nicht eben durchdachte verwendet wird. „Weil den die Krankenkassa nicht zahlt. Die meisten können sich den nicht leisten", unterrichtete man mich. Interessant. Nach meinem Verständnis müsste man die besseren Modelle, die nachweislich gesundheitliche Vorteile bringen, doch zumindest anbieten. In der Folge stellte sich heraus, dass kaum eine Pflegekraft mit einem anderen System umzugehen wusste. Ich aber bestand dennoch darauf, in Zukunft mit diesem System kathetert zu werden. Keine Ahnung, wie lange ich mir danach noch anhören musste, wie „kompliziert" diese Variante sei. Andere hatten sich noch am gleichen Tag auf YouTube schlaugemacht und beherrschten das Alternativmodell auf Anhieb. Am Ende aber erreichte ich, was ich bezweckt hatte – einen deutlichen Rückgang meiner Harnwegsinfekte. Und die Krankenkasse ersparte sich auch noch die Kosten für die Antibiotika.

Wenn mich andere um Rat fragten, was mit Fortdauer meines Aufenthaltes zunehmend häufiger vorkam, hielt ich mit meiner Meinung natürlich nicht hinterm Berg. Was mir beim Personal, bei dem ich wegen meiner „Extrawürste" ohnehin schon verschrien war, nun auch noch das Image der „Aufwieglerin" eintrug. Ich nervte wegen meiner Extratherapien auf dem Zimmer, wo Su Scheiblbrandners Magnetfeldmatten zum Einsatz kamen. Und ich nervte vor allem, weil Christopher Willis nach vier, fünf Wochen durchgesetzt hatte, dass man mich nicht um 7 Uhr wecken, sondern ausschlafen lassen solle. Bis dahin war ich immer mit Müdigkeit in den Tag gestartet. Mit dem Effekt, dass mein Kreislauf unmittelbar nach dem Aufwecken immer wieder zusammensackte. Die halbe Stunde, um die ich nunmehr später läutete, die mir half, den Tag mit viel mehr Energie zu beginnen, dürfte den gesamten Tagesablauf der Station durcheinandergebracht haben. So jedenfalls gab man mir unterschwellig zu verstehen. Manchmal auch dadurch, dass man mich nach dem Läuten 20 Minuten liegen ließ. Dann schaffte ich es eben leider nicht zur ersten Therapie.

Mehr zu schätzen wusste mich offenbar ein mir persönlich nicht bekannter Herr, der mir Ende September einen Riesenstrauß von langstieligen roten Rosen aufs Zimmer schickte. Rund 40 müssen es wohl gewesen sein. Nach kurzem Überlegen entschied ich, den ganzen Stock an dem Blütenmeer teilhaben zu lassen, Patienten wie auch Pflegepersonal. Während die Mehrzahl der Bewohner gerade im Gemeinschaftsraum einen Film schaute, klapperte ich mit meinem Freund Christoph alle Zimmer ab und deponierte auf dem Tisch oder Bett eine rote Rose. Alle Zimmer bis auf eines. Darin lag Reinhard und wollte ungestört sein, weil es ihm nicht sonderlich gut ging. Der damals 44-Jährige sitzt seit 1988 als Tetraplegiker im Rollstuhl, hatte inzwischen sogar Rallyes bestritten, wurde aber im Sommer 2015 auf einem Zebrastreifen nochmals Opfer eines Unfalls. Seither ist Reinhard auch noch Paraplegiker, was zwar keine funktionalen Auswirkungen hat, aber noch eine Reha nötig machte. Zwei schwere Rückenmarksverletzungen in einem Leben – klingt verrückt, kommt aber gar nicht so selten vor. Eine Pflegerin überbrachte Robert meine Rose, als Gegengeschenk sandte er mir etwas zu naschen. Ein erster indirekter Kontakt, der später in eine Freundschaft mündete. Als die Cineasten in ihre Zimmer zurückkehrten, war die Freude groß. Auch bei mir, weil ich es geschafft hatte, mit einer so simplen Idee viele Menschen für ein paar Momente froh zu stimmen. Manche zeigten sich so beeindruckt, dass sie die Rose sogar trockneten und am Ende der Reha mit nach Hause nahmen.

Reinhards Geschichte erinnerte mich daran, mit wie vielen bizarren Schicksalen man in Bad Häring konfrontiert wird. Da zählt eine Querschnittslähmung beim Stabhochsprungtraining fast schon zu den banaleren Ereignissen. Ich kann mich an eine Frau erinnern, die von der Hollywoodschaukel gefallen war und sich das Rückenmark durchtrennte. Gleiches war einem Patienten passiert, der auf der Toilette eines Gasthauses saß, als die Halterung der Klomuschel brach. An Skurrilität schwer zu überbieten ist allerdings die Story eines Mannes, der für eine Firma arbeitete, die Offroad-Rollstühle mit Elektromotor herstellt. Er war gerade damit beschäftigt, einen der Rollis auf dem Firmengelände zu testen, als er die Herrschaft über das Fahrzeug verlor und ungebremst, mit ausgestreckten Beinen in einen geparkten Bus raste. Bei dieser Verkettung aller möglichen unglücklichen Umstände wurden seine Beine um 20 Zentimeter gestaucht. Nach einer langen Reha war er wieder in der Lage zu gehen. Zuerst mit Stock und einem Plateauschuh, dann zunehmend uneingeschränkter.

Am 17. Oktober, fast auf den Tag genau zwei Monate nach meinem Reha-Start, verließ ich erstmals und ziemlich kurz entschlossen das Anstaltsgelände. Als Teil einer netten Runde von vier Mädels, bestehend aus Anna, nach einem Unfall beim Mountainbiken Paraplegikerin, Jana, die sich im Rahmen einer unsanften Landung beim Paragleiten einen Lendenwirbel gebrochen hatte, aber mit einem inkompletten Querschnitt davonkam, und meine Schwester Brit, die sich als Chauffeurin angeboten hatte. Mit Anna und Jana verbanden mich Alter und Wellenlänge, wir verstanden uns prächtig. Und so hatten sich alle auf einen vergnüglichen Ausflug eingestellt, der ein wenig verspätet begann, weil Jana den Termin zur Abreise verpennt hatte. Ich traf sie in ihrem Zimmer schlafend an und rüttelte an einem großen Zeh, der unter der Bettdecke hervorlugte. Was Jana nicht sonderlich beeindruckte, weil sie in dieser Körperregion damals ebenso wenig spürte wie ich. Das Gelächter, das darauf folgte, taugte schon eher als Weckruf. Die Abreise erfuhr eine weitere Verzögerung, weil wir nicht ausreichend bedacht hatten, dass vier Personen und drei Rollstühle für ein herkömmliches Auto eine recht große Fracht darstellen. Brit hatte das Zusammenklappen und Verstauen meines Rollis schon geübt, aber die Gefährte meiner Mitstreiterinnen erwiesen sich als nicht ganz so leicht zu handeln. Nach dem Abmontieren einiger Reifen und ein paar Schweißausbrüche später war die coole Runde dann endlich verstaut. Der frühnachmittägliche Trip nach Wörgl verlief einigermaßen unspektakulär, letztlich beließen wir es dabei, ein paar Lebensmittel einzukaufen. Trotzdem genossen wir den Tapetenwechsel in vollen Zügen. Nach zwei Stunden traten wir den Rückzug an. Uns drei Querschnittspatientinnen hatte der Trip doch merklich zugesetzt, nach der Rückkehr in Bad Häring verschwanden wir unverzüglich in unseren Zimmern und wollten bis zum Abend nicht gestört werden. Am nächsten Tag stand mir der Sinn schon wieder nach neuen „Abenteuern", und ich rollte mit Kernfamilie, Cousine und Tante ins benachbarte Panorama Royal Hotel, um beim Brunch Brits 24. Geburtstag zu feiern.

Mitte Oktober kamen endlich auch die ersten Printmedien zu ihrem Recht. Die „Bild" hatte schon im Rahmen des Benefizspieles der Münchner Löwen eine Wortspende ergattert, die der Redakteur zu der „kreativen" Schlagzeile verarbeitete, ich wolle in Zukunft Rollstuhlrugby spielen. Tatsächlich gelüstet mich bis heute keine körperliche Betätigung, die man mit Leistungssport in Zusammenhang bringen kann. Auch meine Ausfahrten mit dem (durch einen Elektromotor unterstützten) Handbike, die ich im Juli 2016 aufnahm, dienen ausschließlich der weiteren Steigerung meines Wohlbefindens. Es gibt eine ganze Reihe von Gründen, warum ich mir eine Karriere als Behindertensportlerin, zumindest zum jetzigen Zeitpunkt, überhaupt nicht vorstellen kann. Erstens: Ich wollte zu den „echten" Olympischen Spielen, nicht zu den Paralympics. Jeder, der vorgibt, der Status sei annähernd derselbe, verschließt die Augen vor der Realität. Die Paralympics sind eine humanitäre Errungenschaft, aber die Leistungsdichte lässt sich mit Olympia nicht vergleichen. Was natürlich die Performance der einzelnen Athleten in keiner Weise schmälert. Ich durfte viele Versehrtensportler kennenlernen, unter ihnen Thomas Geierspichler oder Claudia Lösch, beide zweifache Paralympics-Champions, er in der Leichtathletik, sie im Monoskifahren. Zwei unglaublich charismatische Persönlichkeiten, die wahrscheinlich härter trainieren als jeder gehende Sportler. Allein schon deshalb, weil das Fehlen so vieler Muskelgruppen das Training unheimlich einschränkt, man sehr erfinderisch in seinen Methoden sein muss, um überhaupt diesen Grad an körperlicher Fitness zu erlangen. Mein zweiter Grund, warum mich die Paralympics vermutlich nie sehen werden, wiegt ungleich schwerer: Ich wüsste nicht, welche Sportart mich auch nur annähernd so in ihren Bann ziehen könnte wie früher das Stabhochspringen. Ein Matthias Lanzinger hatte es bei der Wahl seiner Sportart vergleichsweise leicht. Nach seiner Unterschenkelamputation wechselte er zu den Alpinen im Behindertensport. Aber es war trotz aller nötigen Anpassungen immer noch die Sportart, die er ausgeübt hatte, die er liebte. Für Tetra-Stabhochspringen hingegen sehe ich eher schwarz. Ich bin immer eine Schnellkraftsportlerin gewesen, da findet sich relativ wenig im Angebot. Und dass ich Gefallen daran finde, mit dem Rollstuhl Runden im Stadion zu drehen, ist für mich schwer vorstellbar.

Das erste ausführliche Zeitungsinterview gab ich vereinbarungsgemäß der „Kronen Zeitung". Wobei Redakteur Olaf Brockmann auch ohne den Anfang August geschlossenen Deal wohl mein erster Ansprechpartner gewesen wäre. Er hatte mich meine ganze Karriere über begleitet, war bei Meetings, zumindest bei Großereignissen fast immer dabei gewesen, ich fühlte mich manchmal fast ein wenig wie sein Schützling. 2012 etwa dirigierte er mich unmittelbar nach meinem vierten Platz bei der U20-WM in Barcelona zu „Eurosport", wo ich in der Reporterkabine vor einem Millionenpublikum ein Live-Interview geben durfte. Olaf hatte Blümchen mitgebracht und sichtlich Probleme, die Contenance zu halten. Wie er da so saß und mit sich rang, hat er mir richtig leidgetan. Letztlich brachten wir das Interview dann doch gut über die Bühne.

Ende Oktober oder Anfang November begeht Österreichs Sport traditionsgemäß sein rauschendstes Fest – die „Lotterien-Gala Nacht des Sports", in deren Mittelpunkt die Ehrung der Sportler und Teams des Jahres steht. Selbige werden davor in geheimer Wahl von Österreichs Sportjournalisten bestimmt. Neben den gängigen Kategorien werden auch Behinderten- und Special-Olympics-Sportler prämiert, eine Fachjury vergibt schließlich den Special Award für das Lebenswerk einer Sportpersönlichkeit. Die Öffentlichkeit wiederum bestimmt aus einer Shortlist per Onlinevotum den Aufsteiger des Jahres und den Sportler mit Herz, der sich durch humanitäres oder soziales Engagement verdient gemacht hat. Diese mit 5.000 Euro dotierte Kategorie ging 2015, wie bereits erwähnt, an Wilhelm Lilge für sein Benefiz-Event „Laufen für Kira". Was lag da näher, als mich als Überraschungsgast einfliegen zu lassen?

Um meinen ersten Live-Auftritt wurde beinahe ein Staatsgeheimnis gemacht. Mama, Christoph und ich durften erst durch einen Hintereingang ins Austria Center Vienna, als der offizielle Teil, der im österreichischen Fernsehen live übertragen wurde, schon begonnen hatte. Eingeweiht waren lediglich die Mitarbeiter der Österreichischen Sporthilfe als Organisatoren und die Leute vom Fernsehen, die über Ablauf und Programmpunkte Bescheid wissen mussten. Quasi undercover wurde ich vom Hotel abgeholt, in ein Hinterzimmer eingeschleust, wo sich eine Visagistin um mein Äußeres kümmerte und ich mir mein Kleid anzog. Selbiges hatte Mama ein, zwei Wochen davor in Innsbruck entdeckt, mir via Handyfoto übermittelt und schließlich erstanden. In der Folge besuchte mich in Bad Häring eine Schneiderin, die die nötigen Anpassungen vornahm.

Kurz vor meinem Auftritt am Ende der Show, als ich im Backstage-Bereich noch ein bisschen Smalltalk mit Allzeitgrößen wie Benjamin Raich oder Niki Hosp führte, durften Mama und Christoph im Festsaal Platz nehmen. Sie waren von Tom angewiesen, als Erste aufzustehen, sobald ich die Bühne betrat – falls das sonst keiner täte. In Wahrheit saß schon niemand mehr, bevor mich Tom noch um die Ecke schob. Ein überwältigender Anblick, ein bewegendes Gefühl,

ein paar Mal musste ich schon schlucken, mir eine Träne aus dem Augenwinkel wischen. Aber da war ich beileibe nicht die Einzige, wie mir schien. Weil nach mir nur mehr Marcel Hirscher, der in seinem Siegerinterview eigentlich hauptsächlich über mich sprach, als „Sportler des Jahres" geehrt wurde, musste ich gleich nochmals für das obligate Schlussbild auf die Bühne. Den Glitzer, der auf uns herabregnete, verteilte ich noch Tage später unbeabsichtigt in Bad Häring.

Im Anschluss ging es in der Mixed Zone mit Interviews und Fotos weiter, viele gemeinsam mit Marcel. Danach geriet ich in die Aftershow-Party vor dem Saal. Menschen, wohin man blickte, und ich dazwischen – im Rollstuhl. Eigentlich wollte ich mir nur einen Orangensaft holen, doch die paar Meter zur Bar wollten kein Ende nehmen. Jeder Zweite posierte für ein Foto mit mir, legte es auf ein bisschen Small-Talk an, drückte mir eine Visitenkarte in die Hand. „Sehen wir uns bald mal?" – „Ja, klar!" Dabei hatte ich keine Ahnung, wen ich da „bald sehen" sollte. Eine der Visitenkarten gehörte übrigens Oliver Pocher. Unglaublich, der spricht im normalen Leben genauso viel und schnell wie im Fernsehen. Er erzählte mir, wie sehr meine Geschichte die Menschen auch in Deutschland aufgewühlt hatte – und noch vieles mehr. Trotzdem gingen sich noch ein paar Gespräche mit früheren Sportkollegen aus, unter anderem mit meiner ehemaligen Zimmerkollegin Jenni Wenth.

Ich hatte nicht vor, nun das Leben einer Society-Lady zu führen, aber drei Wochen später fand ich mich auf der nächsten Gala wieder. Standesgemäß angereist war ich auch – in der Business Class, wenngleich man sich schwertut, in den 45 Minuten von Innsbruck nach Wien alle Annehmlichkeiten auszukosten. Schon gar nicht, wenn der Inhalt deines Glases wegen der Turbulenzen durch die halbe Kabine schwappt. Eingeladen hatte diesmal Uschi Fellners Magazin „Look!", das im Wiener Rathaus die „Women Of The Year Awards" vergab. Unter den 15 Preisträgerinnen fanden sich klingende Namen: unter anderem Katherine Schwarzenegger, Tochter von Arnie, der sie per Videobotschaft aufforderte, „fünf Schnitzel zu essen", Baracks Schwester Auma Obama, Farah Diba, die letzte Kaiserin Persiens, Bundespräsidenten-Gattin Margit Fischer und das österreichisch-syrische Topmodel Alisar Ailabouni. Die Ehre, als „Frau des Jahres" ausgezeichnet zu werden, fiel aber ausgerechnet mir zu. Als Begründung wurden meine „Kraft und Vorbildwirkung" genannt. Meine Laudatorin hat von beiden auch einiges zu bieten: Christina Stürmer. Mit ihr konnte ich im Backstage-Bereich und später am Tisch ent-

spannt plaudern, wir verstanden uns richtig gut. Ihrer Einladung zu einem Christina-Stürmer-Konzert konnte ich bisher noch nicht Folge leisten, aber das hole ich nach, sobald sie aus der Babypause zurück ist. Dann wird sie auch sicher meine Gegeneinladung annehmen, 2017 in meinem Team beim „Wings for Life World Run" mitzulaufen.

Events wie diesen ist es eigen, sich nur ansatzweise an Zeitpläne zu halten. Speziell Showblock und Ehrungen neigen zur Überlänge, wodurch das Essen sehr spät kredenzt wird. Für mich in diesem Fall zu spät. Ich mache üblicherweise weit vor Mitternacht schlapp, muss kathetert werden, gehöre einfach ins Bett. Deshalb verließen wir das Rathaus vorzeitig, zogen uns ins Quartier zurück, Hotel Imperial, wahrlich keine schlechte Adresse. Und hinterließen bei genauen Beobachtern womöglich einen bleibenden Eindruck. Tom schwärmte nämlich noch ins nächste Fast-Food-Restaurant aus, durchmaß mit den elegant-braunen Papiersackerln die Hotellobby und servierte uns den Mitternachtssnack als exklusives Room Service. Burger und Pommes frites im Imperial – Stil kann man nicht kaufen!

Für das am nächsten Morgen anberaumte „Ö3 – Frühstück bei mir" brauchte ich nur ein paar Zimmer weiter zu wandern. Claudia Stöckl hatte für uns eine Suite gemietet – samt Butler. Das Überraschende daran: Dieser wurde von ihr auch so behandelt. Meinen Manager hingegen wollte sie nicht dabei haben – obwohl der das Room Service in der Nacht davor so professionell hingekriegt hatte. Er ließ sich aber nicht abschütteln, argumentierte, dass jemand da sein müsse, falls sich eine medizinische Notwendigkeit ergäbe. Das Interview lief dann – na ja. Einige fanden, dass meine Antworten gecoacht klangen. Zwei Sätze, Botschaft, irgendwie aalglatt. Das

rührte daher, dass ich mich in dieser Interviewsituation nicht wohlfühlte. Dann switche ich auf „Dienst nach Vorschrift". In Wahrheit war Tom zweimal kurz davor, das Gespräch abzubrechen. Was daran lag, dass sich Claudia Stöckl nicht an seine Vorgaben hielt, intime Themen auszusparen. Für sie aber schien es die zentrale Frage zu sein: „Wie ist das mit dem Sex?" Ich aber finde, dass dieses Thema genau zwei Menschen zu interessieren hat – meinen Freund und mich. Ich käme auch nie auf die Idee, zu wem auch immer hinzugehen und zu fragen: „Und? Läuft noch alles?" Warum sollte man plötzlich Rede und Antwort stehen müssen, nur weil man querschnittsgelähmt ist? Das Netz ist voll mit Beschreibungen, wie Para- und Tetraplegiker Sexualität erleben. Wenn's jemanden interessiert – feel free.

Ich tat mir aber auch mit anderen Fragestellungen schwer. „Würdest du gern ein Ei aufschlagen können?" – „Hm. Eigentlich lebe ich ganz gut damit, es nicht zu können. Aber sollte es mir einmal ein Anliegen sein, werfe ich es zu Boden. Dann dürfte es aufgeschlagen sein." Hätte ich gern gesagt, habe ich aber natürlich nicht. Meiner guten Kinderstube wegen. Aber im Ernst: Selbst wenn ich mir 200 Dinge aussuchen dürfte, die wieder so funktionieren sollen wie früher – Ei aufschlagen wäre voraussichtlich nicht dabei. Auch Claudia Stöckl merkte natürlich, dass das Gespräch nicht so lief wie erhofft. Deshalb fragte sie Tom im Anschluss, ob das Gesagte als authentisch zu werten sei. Definitiv. Coachen habe ich mich für ein Interview übrigens noch nie lassen. Vorgegebene Sätze nachzuplappern – darauf hätte ich keine Lust. Und das wird auch garantiert so bleiben.

Generell verursachten mir Interviews mit Gesellschaftsreportern immer mehr Probleme als mit Sportjournalisten. Letztere stellten Fragen und akzeptierten Antworten, waren nie pietätlos, oft erstaunlich einfühlsam. Bei den Journalisten, die Society- und Klatschthemen bearbeiten, hatte ich oft das Gefühl, dass sie mit der vorgefertigten Antwort zu mir kamen und es ihnen nur mehr darum ging, so lange zu fragen, bis sie genau diese erwünschte Antwort erhielten. Besonders eindrücklich war dieser Kontrast im April 2016 zu vernehmen, als mich hintereinander ein Sportredakteur der „Welt" und eine Redakteurin von „Bild der Frau" daheim in Kematen interviewten. Poetisch wurde es gar, als mich Andrea Buongiovanni von der „Gazzetta dello Sport" besuchte. Dessen Vater Ennio hatte sogar ein Gedicht für mich geschrieben, das in seinem Buch „Piste, pedane e sogni" erschien.

Kira sull'asta di suoi vent'anni
volava verso il cielo.
Quante volte l'aveva raggiunto!
L'ebbrezza del volo
un guizzo uno svitamento
il mondo capovolto
come fosse uno Chagall.
Mancò un battito d'ali
e fu uno schianto.
il volo s'era interrotto
le ali fatte a pezzi.
Sulla pedana di un letto
Kira ha ripreso la rincorsa
con nuove ali bianche
per ricominciare a volare
Sull'asta della vita

Die öffentlichen Wertschätzungen und Ehrungen jener Tage standen in krassem Gegensatz zur Stimmungslage in der Reha. Auf unsere Gestaltungswünsche wurde nach wie vor kaum bis gar nicht eingegangen, die Spannungen steigerten sich eher, als dass sie abnahmen. Dafür sorgte auch ein weiterer Konflikt, der sich über Wochen aufgebaut hatte und die Wahl meines Rollstuhls betraf. In den ersten Wochen der Reha bekommt man von der Anstalt einen solchen gestellt. Vorrätig ist, warum auch immer, exakt eine Marke – Küschall. Die „Paras" erhalten das Modell Ultra Light, die „Tetras" Champion. Leider ließ sich keiner für meine Sitzbreite (36 cm) auftreiben, sodass ich in der ersten Zeit mit einem um vier Zentimeter zu breiten Rollstuhl durch die Weltgeschichte kurvte. Klingt nebensächlich, bringt aber ein paar Unannehmlichkeiten mit sich, weil der Weg zum Antreiben der Räder ein viel längerer ist, die Schultern dadurch über Gebühr beansprucht werden. Dankenswerterweise lieh mir Alois Praschberger, selbst Paraplegiker und der einzige Rollstuhlvertreter, der in Bad Häring aus- und einging, später ein passendes Modell aus seinem Bestand.

Mit Fortdauer der Reha hat man Anspruch auf einen eigenen „Rolli", die Kosten trägt natürlich die Krankenkasse. Nahezu alle Patienten bleiben Küschall treu, was auch darin begründet sein könnte, dass es an jedweder Möglichkeit fehlt, Vergleiche anzustellen. Die Farbe kann man sich immerhin aussuchen – wow! Ich jedoch weigerte mich, meine Tage als „Champion" zu verbringen. Geschmäcker sind verschieden, aber für mich sah dieser „Rolli" einfach Oma-like aus, das ging gar nicht. Mag sich wieder kapriziös anhören, aber ich sitze tagein, tagaus in dem Ding, Wochen, Monate, Jahre. Wie viele stilisieren die Wahl ihres Autos zur existenziellsten aller Fragen, obwohl sie es eine halbe Stunde pro Tag benützen?

Die diesbezügliche Beratung der Patienten und die Bestellung der Rollstühle obliegt in Bad Häring den Physiotherapeuten. Als ich ihnen mitteilte, dass meine Wahl auf die Marke Sopur gefallen war, brach großes Wehklagen aus. Der sei so schwer einzustellen und überhaupt. Der Schock saß gleich noch tiefer, als ich ihnen eröffnete, statt eines Faltrollstuhls einen mit Starrrahmen zu bevorzugen. Der lässt sich üblicherweise leichter antreiben, schont die Schultern, bringt weniger Kilos auf die Waage, braucht aber klarerweise mehr Platz im Auto. Offenbar traute man mir nicht zu, die Konsequenzen meiner Entscheidung zu überblicken. Über Wochen versuchte man, mir diese Entscheidung auszureden, verschleppte das Versenden des Bestellformulars. Irgendwann ging ich den Kompromiss ein, vom Starrrahmen abzurücken – weil ich wusste, dass mir nach der Reha ohnehin ein zweiter Rollstuhl zustand. In der Frage der Marke aber blieb ich hart – und konnte doch tatsächlich kurz vor Weihnachten, „nur" rund zweieinhalb Monate nach Bekanntgabe der Entscheidung, meinen eigenen Rollstuhl in Empfang nehmen. Müßig zu erwähnen, dass ich auch danach noch engmaschig auf die angeblichen Unzulänglichkeiten meines fahrbaren Untersatzes hingewiesen wurde. Als ob die Entscheidung für eine andere als der in Bad Häring gängigen Rollstuhlmarke einer persönlichen Beleidigung gleichgekommen wäre.

Erkundigungen bezüglich des Zweitrollstuhles begann ich noch während meiner Reha-Zeit einzuziehen. So ersuchte ich den Hersteller Progeo, mir die Vorzüge seiner Produkte näherzubringen. Ein paar andere Patienten gesellten sich zu uns. Wir vereinbarten, dass uns der Vertreter zwei Tage später Modelle zum Probesitzen und -fahren zur Verfügung stellen würde. Tags darauf bekam Papa einen Anruf von Progeo, dass das Unternehmen den Termin leider nicht einhalten konnte, weil es vom Chef der Physiotherapie, Richard Altenberger, Hausverbot erteilt bekommen hatte. Ein Anruf bei Stationsarzt Dr. Wanner glättete die Wogen. Dessen Sichtweise musste jedem einleuchten: Zur Besuchszeit könne nach Bad Häring jeder kommen, der wolle.

Ich bin kein übermäßig streitbarer Mensch, gehe Konflikten eigentlich am liebsten aus dem Weg. Das traf vor dem Unfall zu, danach umso mehr. Ich spürte, dass ich mich auf meine Therapie, auf meine Genesung konzentrieren musste und dafür alle Energie benötigte, die ich irgendwie aufzubringen vermochte. Das Streiten musste und wollte ich den anderen überlassen. Aber sich vollständig abzugrenzen schaffte ich natürlich auch nicht. Und als schließlich nach mehreren Verschiebungen am 4. November endlich ein Teamgespräch mit allen Beteiligten zustande kam, fasste ich neuen Mut, dass es in der Frage der Therapiegestaltung nun zu tragfähigen Lösungen in meinem Sinn kommen würde. Von unserer Seite nahmen meine Eltern, Brit und ich, vonseiten des Reha-Zentrums Primar Huber, der Leiter meiner Pflegestation, je ein Vertreter von Physio- und Ergotherapie, der Neurologe, der Psychologe, die Sozialberatung und Stationsarzt Dr. Wanner teil. Wir gingen voll Zuversicht in diese Elefantenrunde, weil wir dachten, dass sich alles in Wohlgefallen auflösen würde, wenn wir endlich die Gelegenheit bekamen, unsere Argumente in aller Ruhe darzulegen. Doch das Gegenteil war der Fall.

Die Anstaltsleitung wollte uns verklickern, wie stolz sie auf mich wäre, dass ich tolle Fortschritte gemacht habe und nach anfänglichen Unstimmigkeiten nunmehr alles auf Schiene war. Eine Sichtweise, die sich mit der unseren gar nicht deckte. Wir pochten darauf, unsere Vorstellungen der Therapie umsetzen zu dürfen, wir forderten weniger Rollstuhltraining, mehr passive Therapien, mehr Therapien, die auf das Erhalten der Nerven statt auf Muskelaufbau abzielten, das Ausschöpfen vielfältiger Therapiemethoden wie Motomed, Wassertherapie etc. Und wir wollten wissen, warum all das nicht schon längst umsetzbar, wer denn eigentlich für das Erstellen des Therapieplanes verantwortlich war. Denn jeder, den Papa in Einzelgesprächen um Unterstützung ersucht hatte, hatte sich für unzuständig erklärt. Oder um Verständnis ersucht, weil ihm die Arme gebunden waren. Unsere tiefgreifende Unzufriedenheit hatte die Verantwortlichen sichtlich überrascht. Nach ein paar Schrecksekunden aber ging ein Trio zum Gegenangriff über: Primar Huber, der Vertreter der Physiotherapie und der Leiter der Pflege. Der Rest verhielt sich neutral bzw. war eigentlich auf unserer Seite, wollte sich aber nicht aus der Deckung wagen. Dr. Huber hielt uns vor, kein Vertrauen zu haben und von allen Terminen immer erst durch die AUVA zu erfahren. Korrekt – welchen Sinn hätte es aber ergeben, sie mit ihm abzustimmen, wenn er schon den ersten ORF-Termin zu Fall hatte bringen wollen? Man geht dorthin, wo man weiterkommt, nicht dorthin, wo man gegen Wände läuft. Papa warf er vor, unter einem Odysseus-Komplex zu leiden. Das sollte wohl bedeuten, dass er in der Therapie ein ewig Suchender und mit nichts zufrieden sei. Papa wollte bloß wissen, ob der Primar beliebe, ihn auf den Arm zu nehmen. Mir wurde vorgehalten, meine Therapiewünsche nie geäußert zu haben – was natürlich nicht stimmte. Und die Pflegeleitung skizzierte in den schillerndsten Farben, vor welche Probleme sie durch meine Extrawürste wie das Ausschlafen gestellt würde. Und dass die Eltern als permanent Anwesende lediglich geduldet waren, man sich von mir mehr Selbstständigkeit erwartete. Woraufhin Papa und Mama klarstellten, sie würden bleiben, bis ich ihnen sagte, dass sie nicht mehr benötigt würden. Kurzum: verhärtete Fronten, kein Nachgeben. Stimmt nicht ganz. Ein- bis zweimal die Woche durfte ich von da an Motomed-Fahren. Vielleicht hatte man eingesehen, dass man in meinem Therapieplan Bewegung vergeblich suchte, vielleicht wollte man uns mit diesem Placebo lediglich ruhigstellen.

Die Forderung, Familie und Manager sollten nun endlich beginnen, sich ganz oder teilweise zurückzuziehen, ihre Unterstützung auf ein Mindestmaß zurückfahren, bekam ich nun öfter zu hören. Sie auch. Man verknüpfte den Wunsch mit der Hoffnung, dass mein Weg endlich seinen „normalen" Verlauf nahm. Und der sollte direttissimo ins schwarze Loch führen. Von dem hatte ich schon so viel gehört. Meistens von Ärzten, vom Reha-Personal. Ich kannte das schwarze Loch unseres Dachbodens, das reichte mir. Musste ich dieses schwarze Loch um jeden Preis kennenlernen? Ich hege so meine Zweifel, ob es diesen einen, normalen Weg gab, einen Schicksalsschlag wie diesen zu verarbeiten. Ich erörterte dieses Thema mit einer ganzen Reihe von Querschnittspatienten. Einen roten Faden konnte ich nicht entdecken. Thomas Geierspichler, der Paralympics-Champion, hatte sich geraume Zeit in Alkohol und Drogen geflüchtet, bevor er seinen Trost im Glauben fand. Ich traf Menschen, die über 20 Jahre im Rollstuhl saßen und an sich nie den Anflug einer Depression bemerkten. Und ich traf andere, die ganze Wochen durchlebt hatten, in denen sie keinen blassen Schimmer hatten, wie es weitergehen sollte. Sicher, ich lebe in einer Art geschützter Werkstätte. Meine Eltern opfern sich auf, mein Freund steht zu mir, ich habe einen Manager. Aber ich muss es doch nicht erzwingen, in dieses schwarze Loch zu fallen. Wenn es kommt, kommt es. Wenn nicht, bin ich auch nicht unglücklich. Es ist nicht unbedingt mein Ziel, wochenlang zu heulen. Es soll doch bitte jeder nach dem Unfall derselbe sein dürfen wie davor.

Ein paar Wochen später wähnte sich die medizinische Abteilung dann doch noch am Ziel, meinte auszumachen, dass ich nun für eine veritable November-Depression bereit sei. Und das kam so: Meine Eltern hatten sich wie üblich abends verabschiedet und in ihr langfristig gemietetes Apartment in Bad Häring zurückgezogen, als die Pflegerin zum Kathetern ins Zimmer kam. Jene Pflegerin, die es als einzige bevorzugte, diese Tätigkeit von hinten in Angriff zu nehmen. Was ich nie mochte, weil man überhaupt nicht mitbekam, was ablief. Meine Harnröhre zu finden stellte anatomisch betrachtet, wie mir öfters versichert worden war, keinerlei Problem dar, sie schaffte an diesem Abend trotzdem, sie zu verfehlen. Richtig unrund aber wurde ich, als ich merkte, dass die Minute, die dann zum neuerlichen Desinfizieren verstreichen muss, einfach nicht eingehalten wurde. Eine Einladung für Keime aller Art, meine Harnröhre einmal mehr zu einem Infekt zu nötigen. Wie so oft in den letzten Monaten. In der Folge steigerte ich mich richtig rein und sie forderte sie auf, sofort meine Mutter anzurufen. Sie fragte, ob wir nicht darüber reden könnten, ich aber verneinte barsch. Um halb zwölf war meine Mutter zur Stelle, und ich klagte ihr mein Leid. Die Pflegerin hingegen meinte ihr gegenüber, ich sei jetzt wohl bereit „einzulochen".

Nachdem die Elefantenrunde keine Annäherung gebracht hatte, begann tags darauf eine Reihe von Vier-Augen-Gesprächen. Zunächst zwischen Papa und dem Primar. In Anspielung an die Nacht davor meinte Dr. Huber einmal mehr, ich müsste selbstständiger werden und mich in Situationen wie dieser zur Wehr setzen. Papa wiederum erwiderte, ein Rückzug sei undenkbar, solange Vorfälle wie dieser passierten. Inhaltlich kam auch diesmal nichts Verwertbares raus. Aber immerhin ein freundlich gemeinter Rat: „Wenn es euch hier nicht passt, könnt ihr gerne weiterziehen. Mit oder ohne Kira."

Am 30. November war ich an der Reihe. Abermals brachte Dr. Huber das Thema Selbstständigkeit aufs Tapet. Ich entgegnete, alles selbst zu machen, was ich machen konnte, und dass es gar nicht so einfach war, auf niemanden angewiesen zu sein, wenn man keine Hände und Füße zur Verfügung hatte. Dass ich beispielsweise fremde Hilfe benötigte, wenn ich im Bett lag und Durst bekam. Seinen Rat werde ich mir gut merken: „Trinken, bevor man ins Bett geht. Einfach besser einteilen." – „Aber meine Eltern sind ja ohnehin da." – „Sollen sie aber nicht." Höhe- respektive Tiefpunkt des Gesprächs war eine Frage, die ich mir bis heute schwer erklären kann. „Möchtest du deine Finger bewegen können?" Ich hätte antworten können: „Lieber als ein Ei aufzuklopfen auf jeden Fall." Stattdessen stiegen mir Tränen in die Augen. Genauso gut könnte man eine unfruchtbare Frau mit Kinderwunsch fragen, ob sie schwanger werden möchte. Der Primar fand offenbar nichts daran, hielt mir stattdessen vor, nur immer für die Medien die starke Frau zu mimen. In der Realität könnte man mir aber nicht einmal eine Frage stellen. Im Anschluss an diese sonderbare Begegnung rief ich Dr. Christopher Willis an. Ich wollte seine Sichtweise hören und wissen, ob vielleicht ich es war, die überreagierte. Mein Psychologe stärkte mir den Rücken. „Ich will nicht, dass du mit diesem Arzt noch einmal Kontakt hast."

Der Schluss der Gesprächstrilogie fiel Tom zu. Als er zurück in mein Zimmer kam, stand er mit kreidebleichem Gesicht völlig neben sich. „Ich kann das unmöglich wiedergeben." Für diese Zurückhaltung hatte ich keinerlei Verständnis. „Rück raus! Alles!" – Als er meiner Forderung nachgekommen war, all die Vorwürfe gegenüber jedem einzelnen Familienmitglied rezitiert hatte, kristallisierte sich schnell heraus, was Papa in einfache Worte fasste: „Das lassen wir uns nicht mehr länger bieten." Papa fuhr schwere Geschütze auf, schaltete die AUVA ein und forderte einen neuen verantwortlichen Chefarzt für mich. Widrigenfalls würde er den Minister und/

oder die Öffentlichkeit mit der Angelegenheit befassen. Die AUVA-Pressesprecherin hatte in diesen Tagen Gelegenheit, sich selbst ein Bild vom Grad der Kooperationswilligkeit zu machen. Sie war Zeugin, als „Stern-TV" für meinen Auftritt in der Show einige Szenen in der Reha als flankierendes Bildmaterial zum Interview drehen wollte. Doch mein für diesen Morgen angesetzter Physiotherapie-Termin wurde kurzerhand abgesagt, und überall hingen plötzlich Hinweisschilder: „Filmen verboten." Zwischendurch schienen wir trotzdem bis zum Äußersten gehen zu müssen, doch dann wurden Papa und Tom für den Morgen des 16. Dezember zu meinem Stationsarzt Dr. Siegesmund Wanner gerufen, der ihnen verkündete, für die restlichen Reha-Monate mein zuständiger Arzt zu sein. Mit dieser Lösung konnten wir sehr gut leben, das Ziel war erreicht. Von da an schrieben Papa und ich die Therapiepläne selbst, hatten die volle Rückendeckung von Dr. Wanner. Primar Huber verhielt sich in der Folge durchaus korrekt. Vielleicht war die Erleichterung groß, sich nicht mehr mit uns herumschlagen zu müssen. Uns ging es umgekehrt genauso.

# Ich lebe nicht mehr, ich werde gelebt.

von Frithjof Grünberg

„Bewundernswert, wie Kira das schafft." Es ist der Satz, der einem überall begegnet. Seit über einem Jahr, als dieser permanente Ausnahmezustand über uns hereinbrach. Ja, es ist bewundernswert, wie Kira das schafft. Aber für mich gar nicht so überraschend. Man sollte Kira nicht unterschätzen – sie hat einen glasklaren Verstand, kann eiskalt denken. Und hat vielleicht deshalb ihre Ordnung, die sie in allen Lebenslagen ausgezeichnet hat, schnell wiedergefunden. Den roten Faden ihres Lebens. Dieser wichtige Bestandteil ist ihr nicht verloren gegangen. Trotz der beschissenen Umstände. Warum sollte sie also der Unfall aus der Bahn werfen?

Wenige Tage nach der Notoperation versprach ich Kira: „Wir werden nichts unversucht, keine Chance ungenutzt lassen, um deine Situation zu verbessern. Egal, wie viel es kostet." Ich habe Wort gehalten. Wir schleppten ständig neue Maschinen in ihr Zimmer, und wenn sie ihr langweilig wurden, ließen wir uns etwas Neues einfallen. Sie hat immer gesehen: Wir sind dran, es geht weiter, wir arbeiten an dem Fall. Ein psychologisch wichtiges Signal, wie ich finde. Tatsächlich hatte Kira bis heute kaum mentale Durchhänger.

Wenn ich mir etwas wünschen dürfte, dann, dass sie nun wieder langsam mehr Entscheidungen selbst trifft, dass sie der direkten Auseinandersetzung mit Menschen nicht aus dem Weg geht, dass sie diskutiert, ihre Meinung vertritt und durchsetzt. Das ist für die „Generation Facebook" gar nicht so selbstverständlich. Ihre sozialen Skills hingegen wurden in der Reha eher gestärkt. Ich erinnere mich an eine Situation vor der Weihnachtsfeier. Einer von Kiras Leidensgenossen war bekannt für seine anzüglichen Witzchen. Als er einer jungen Patientin coram publico im Scherz Avancen machte und meinte, er würde nun ein neues Viagra-Präparat nehmen und dessen Wirkung gerne vorab mit ihr testen, weil seine Frau am Wochenende zu Besuch käme, bekam das Mädchen den Spruch in die falsche Kehle und diskreditierte ihn allerorts als Sittenstrolch. Das ging dem Witzbold so nahe, dass er seine Teilnahme an der Weihnachtsfeier kurzerhand absagen wollte. Kira hätte früher womöglich mit den Achseln gezuckt, jetzt fuhr sie ohne zu zögern in sein Zimmer und redete ihm ins Gewissen. „Du gehörst doch dazu, du kannst der Feier nicht einfach fernbleiben." Am Ende tauchte er doch auf, und alle hatten eine gute Zeit.

Kira hat sich in der Reha außerordentlich gut geschlagen. Wenn Therapeuten ein Ziel vorgaben, das sie binnen in einer Woche erreichen sollte, hatte sie es nach einem oder zwei Tagen abgehakt. Dabei war die Zusammenarbeit zwischen ihr und manchem Therapeuten in Bad Häring alsbald recht angespannt, weil wir alles hinterfragten und dies nicht auf sehr viel Wohlwollen stieß. Das Hinterfragen aber erwies sich als unerlässlich. Als Patient erwarte ich mir zu Beginn eine neutrale Aufklärung. Das ist der Status quo, das sind aus unserer Sicht die Ziele, so wollen wir sie erreichen. Stattdessen werden den Patienten bestimmte Vorgangsweisen alternativlos vor den Latz geknallt. Zum Beispiel in der für Tetraplegiker so wichtigen Frage, wie die Hände wieder Funktionen übernehmen können. Es gibt Alternativen zur Funktionshand, die durch Verkürzung der Sehnen verkrüppelt wird. Aber diese Prozesse sind langwieriger, bedürfen viel Mobilisierung, viel Stimulation, daher werden sie gar nicht erst erwähnt. Aber genau das verlange ich. Genauso wie ich verlange, dass den Patienten nicht suggeriert wird, dass Abführmittel der einzige Weg zu einem regelmäßigen, geschmeidigen Stuhlgang seien. Nach einem halben Jahr sind die Leute aus der Reha draußen, aber ihre Darmschleimhaut ist kaputt, ihr Darm löchrig, wodurch er die Nährstoffe nicht mehr so gut aufnehmen kann. Die Patienten kämpfen zunehmend mit chronischer Verstopfung. Obwohl man ganz ähnliche und viel nachhaltigere Erfolge mit Naturprodukten wie Leinsamen erzielen kann.

All das sollte gewährleistet sein, weil du keine Pläne machen kannst, wenn du dir das Genick gebrochen hast. Du willst nur überleben und gesundheitliche Fortschritte erzielen, dich mit nichts anderem beschäftigen. Am Anfang kämpfst du mit der Luft, musst lernen, mit wenig zurechtzukommen. Du hustest wie eine Maus. Dein Niesen ist nicht mehr als ein Hauch. Erst ganz langsam beginnst du dein Leben neu zu planen. Du kannst dich nicht artikulieren, du bist nicht streitfähig. Wenn also Therapien angesetzt waren, von denen wir wussten, dass sie mehr schadeten als nutzten, ließ sich Kira informieren. Gestritten haben wir.

Manche Patienten mögen ja leicht zufriedenzustellen sein. Wir sind es nicht, sind vielleicht ein Sonderfall, aber uns reicht der Durchschnitt nicht. Das traf schon im Sport zu, sonst wären wir nicht in Kiras verhältnismäßig jugendlichem Alter so weit gekommen. Kira war Leistungssportlerin, ihr Bestreben war, vorne weg zu laufen und sich nicht in der Masse zu verstecken. Das ändert sich doch nicht, nur weil sie sich in der Reha befindet. Sie wollte das Beste draus machen, musste ohnehin viel ertragen, was gegen jede Logik war.

Ich sagte den Verantwortlichen mehr als einmal: „Klärt uns auf, dann müssen wir uns die Informationen nicht von außen holen." Stattdessen stießen wir immer nur auf Verwunderung, ja auf Gereiztheit, dass wir uns überhaupt Gedanken machten, wo wir doch froh sein müssten, Kira in einem derartigen Umfeld zu wissen. Schon in der Klinik meinte ein Verantwortlicher zu mir: „Das ist der Plafond der Medizin." Da wurde ich hellhörig. Harvard Medical School? Johns Hopkins Hospital? Sind dort nur Idioten unterwegs, alle Kapazitäten hier in Tirol vereint? Wenn im Sport ein Trainer von sich behauptet, der beste zu sein und alles zu wissen, ist Skepsis überfällig. Würden die großspurig vorgetragenen Behauptungen der Wahrheit entsprechen, müsste er sie nämlich nicht in die Welt hinausposaunen.

Ich gewann den Eindruck, dass das früher für Paraplegiker erbaute Zentrum die Erweiterung auf Tetraplegiker inhaltlich nie wirklich mitgetragen hat. Man denkt schwarz-weiß, kompletter und inkompletter Querschnitt, fertig. Bei Tetraplegikern handelt es sich in aller Regel aber um diskomplette Querschnitte. Eine Wortschöpfung, die die Schulmedizin hierzulande gar nicht kennt, sie haben Spastiken, Reflexe, Muskelfasern, die man erhalten und nützen kann, die irgendwann eine Funktion übernehmen können – wenn man sie durch Mobilisation, Stimulation etc. davon abhält abzusterben. Man darf auch nicht den Fehler begehen, sich die Verschaltungen der Nerven im Rückenmark als einen logischen Aufbau vorzustellen. Da ist keine Ordnung drin, da geht's wild durcheinander, und kein Mensch ist gleich wie der andere. Deshalb zeigen sich bei gleicher Höhe des Querschnitts oft so unterschiedliche Funktionen. Weil es unterschiedlich zusammengewachsen ist. „Kein Querschnitt ist gleich", das bestreitet auch in Bad Häring niemand. Aber jeder Patient weiß am Beginn seiner Reha, wenn er es denn wissen will, dass er in einem halben Jahr am Montag, Mittwoch und Freitag um 13 Uhr ein „Rolli"-Training haben wird, bei dem ihm das Laktat bei den Ohren rausspritzt. So viel zum Thema individuelle Therapie.

In Bad Häring, aber vermutlich auch in ähnlichen Reha-Zentren, steht die schnelle Anpassung an den Rollstuhl im Mittelpunkt. Vielleicht auch um den Patienten frühe Erfolgserlebnisse zu ermöglichen. Eine raschere Selbstständigkeit bedeutet aber vor allem: ein Herabsetzen der Pflegestufe, ein früheres Ende der Reha, weniger Kosten für das Gesundheitssystem. Wir sehen den Sinn einer Rehabilitation aber in ihrer Langfristigkeit.

Nachdem die Tragödie passiert, nachdem diese Eins-zu-hunderttausend-Chance einer Querschnittslähmung beim Stabhochsprung eingetreten war, setzte ich mich hin und googelte, was diese Verletzung im Konkreten bedeutete. Welche Auswirkungen sie für uns alle haben würde. Ich las alles, was mir in die Finger kam, auch dicke Wälzer. Und ich recherchierte – nicht viel anders als damals, als ich mich entschlossen hatte, meinen Töchtern als Trainer zur Seite zu stehen. Da wurde mir auch – vor allem später, als unser Training ein hohes Level an Professionalität erreicht hatte – von vielen Experten bescheinigt, verrückt zu sein. Dass eine solche Konstellation niemals funktionieren könne, weil mir der theoretische Background und was der Kuckuck noch alles fehlte. Wie damals begann ich nun, die Besten in ihrem Metier anzutelefonieren und zu treffen. Anfangs gestaltete es sich nicht ganz einfach, all jene zu selektieren, die viel publizieren, weil sie vertraglich dazu verpflichtet sind oder nur deshalb Forschungsgelder lukrieren. Und klar kamen mir Scharlatane unter, die Geld verdienen wollten, aber auch die gelang es mir rasch auszusieben. Übrig blieben ein paar wenige Koryphäen, die eines miteinander verband: Kein einziger trat hochnäsig auf, alle zeigten Verständnis und versuchten weiterzuhelfen. Oft fiel der Satz: „Wenn Kira meine Tochter wäre, würde ich ..."

Vier Mediziner bzw. Wissenschaftler bildeten den engsten Zirkel meiner Ratgeber. Dr. Milan Dimitrijevic vom Baylor College of Medicine in Houston, der weltweit vielleicht führende Rehabilitationsmediziner; sein Vertrauter in Österreich, DI Dr. Winfried Mayr, Experte an der MedUni Wien für biomedizinische Technik und Rehabilitationstechnologie, den mir Heinz Kinigadner empfohlen hatte; Univ.-Prof. Dr. Leopold Saltuari, im Team mit Dr. Miklos Marosi am LKH Hochzirl Leiter der Neurorehabilitation; und Dr. Martin E. Schwab, Professor für Hirnforschung an der Universität und der Eidgenössischen Technischen Hochschule Zürich. Der Schweizer Neurobiologe hatte für Aufsehen gesorgt, als er durch den Einsatz von Antikörpern die temporäre Deaktivierung des nervenwachstumshemmenden Nogo-Proteins erreichte. Wirksamkeitsnachweise für die Therapie von Querschnittsgelähmten sind in Planung. Schwab erläuterte mir in einem vierstündigen Gespräch die Erkenntnisse seines Forscherlebens in verständlicher Kurzfassung. Und er gab mir mit auf den Weg, nicht weitersuchen zu müssen. „Wenn du Dimitrijevic und Saltuari an deiner Seite hast, bist du bestens aufgehoben."

Das Gefühl hatte ich auch. Dr. Saltuari war der Erste, der uns nach eingehender zweieinhalbstündiger Untersuchung ausführlich darlegte, was er vorgefunden hatte. Auch Dr. Dimitrijevic befasste sich eine ganze Stunde mit Kira, lud mich eine Woche später nach Wien und erklärte mir lückenlos seine Sichtweise der Dinge. Und wie er sich in Zukunft einzubringen gedachte. „Dr. Dee", wie wir ihn nennen, sieht und misst Spastiken, ortet, von welchem Muskel sie ausgehen, und erkennt, ob man daraus etwas entwickeln kann. Wenn ja, liefert er ganz konkrete Anleitungen für Übungen und die Art der Simulationsunterstützung.

Dr. Dimitrijevic überschüttete mich geradezu mit Informationen – nur das Haus, das für uns zuständig war, hielt sich mit Erkenntnissen, so es denn welche gab, gern bedeckt. Mal schaute jemand für eine fünf- oder zehnminütige Untersuchung vorbei und schwirrte mehr oder weniger wortlos wieder ab. Am Ende des Tages musste ich mir all mein Wissen selbst erarbeiten, anlesen, recherchieren. Ich hätte in dieser Phase durchaus Besseres zu tun gehabt. Etwa mich noch viel eingehender um Kira zu kümmern.

Stattdessen nützte ich, auch nicht ganz unwichtig, meine Kontakte in die deutsche Ärzteschaft, hangelte mich von Experten zu Experten, sprach mit Vertretern vieler Einrichtungen, die auf hohe Querschnitte spezialisiert sind, von der Rehaklinik Murnau über Ulm, Tübingen bis Herdecke. Ich sprach mit vielen Betroffenen, unter anderem mit der Schweizer Turnerin Pascale Grossenbacher, die sich 2009 beim Trampolinspringen den fünften Halswirbel gebrochen hatte, bei der alles bis auf das Temperaturempfinden zurückgekommen ist, man aber schwer abschätzen kann, wie sehr das Rückenmark in ihrem Fall in Mitleidenschaft gezogen war. Irgendwann, nach unzähligen Konsultationen, hast du dann alle Mosaikstücke zusammen, in dir entsteht das vollständige Bild: Das ist der Schaden, mit diesen Träumereien brauchst du dich nicht zu beschäftigen, hier dürfen wir uns Hoffnungen machen. Und du bekommst eine Vorstellung, wie es funktionieren könnte, das maximal Erreichbare auszuschöpfen. Den groben Plan, wie eine zielgerichtete Reha aussehen musste, hatte ich schon vor Bad Häring im Kopf gehabt. Dann folgte nur mehr das Feintuning. Aber es dauerte nur ein paar Tage, um dahinterzukommen, dass das Idealbild, das ich in mir trug, von dem, was ich in der Rehabilitation wahrnahm, grundlegend abwich. Dass hier etwas ganz gründlich schieflief. Dass uns eine Therapie in dieser Form nicht weiterhalf.

Die konträre Sichtweise, welcher Nutzen und Sinn einer Rehabilitation innewohnen sollten, führte von Oktober bis kurz vor Weihnachten 2015 zu einer ganzen Reihe von Konfrontationen, die wir uns gerne erspart hätten. Mein durch so viele Gespräche mit nicht involvierten Experten angesammeltes Wissen aber machte es mir unmöglich, der heiligen Ruhe wegen wegzuschauen. Wenn jeder Kenner der Materie bei Tetraplegikern einen Schlüssel von mindestens 5:1 zwischen Bewegen ohne Anstrengung und Auspowern empfahl, warum musste es in Bad Häring andersrum sein? Vielleicht mal wieder der früheren Selbstständigkeit wegen. Aber was, wenn dieses kurzfristige Ziel einem optimalen Heilungs- und Reha-Verlauf im Weg stand, die Regeneration verlangsamte oder sogar stoppte? Da gibt es eine Unmenge von Nerven, die sich erholen müssen. Aber das erreicht man nicht, indem der ganze Sauerstoff für das Training verbraten, der Muskelkater zum permanenten Begleiter wird. Was ich an der Therapie in Bad Häring am meisten zu kritisieren habe, ist, dass die Hierarchie dort auf den Kopf gestellt ist. Im Normalfall, das ist sogar im Gesetz so geregelt, hat ein Arzt die Therapie zu planen, der Physiotherapeut setzt um und gestaltet die Einheit. In Bad Häring jedoch bestimmen die Physiotherapeuten den Reha-Plan, da wedelt der Schwanz mit dem Hund. Selbst Pfleger können in das offene System eingreifen und Therapieinhalte vorschlagen, es fehlt jede Struktur.

Ob es daran liegt, dass die Schwerpunkte so eigenwillig gesetzt werden? Schwer zu sagen, jeder Kenner der Materie fordert jedenfalls, die Möglichkeiten in all ihrer Vielfalt zu nutzen: die Gewichtsentlastung im Wasser, Temperaturreize. Immerhin gelang es Kira, kurz vor Weihnachten eine Wassertherapie-Einheit zu ergattern. Aber um den Preis, dass eine andere Mobilisierungsstunde gestrichen wurde. So wie eine Lymphdrainage eine weitere Massage am selben Tag verunmöglichte. Ein Ausschließungsverfahren, wie ich es in keinem anderen Therapieplan jemals gesichtet habe. Das exzessive Rollstuhltraining hingegen war immer gesetzt. Kira ließ es eben einfach aus, wenn wir befanden, dass es der Schinderei wieder genug gewesen war. Der Lokomat, der Kira bis zum Therapieende verweigert wurde, wäre eine weitere Chance gewesen. Das Gerät wurde sogar eigens für komplette Querschnitte konzipiert, kommt in Bad Häring aber nur bei inkompletten zur Anwendung. Wie man sich dort überhaupt mit voller Energie den inkompletten Querschnitten widmet. Verständlich, die Erfolge sind absehbar, diese Patienten kommen wieder auf die Beine – alles eine Frage der Zeit. Bei den „kompletten" Para- und Tetraplegikern hingegen gibt man vor, keine falschen Hoffnungen wecken zu wollen. Deswegen unternimmt man erst gar nichts, was vom Selbstständigwerden im Rollstuhl abweicht. Es ist so, man kann nichts machen, fertig.

Der Weg, den wir gehen, ist ein langwieriger. Aber er es gibt keine Alternative zu ihm. Denn die Schulmedizin sagt: „Ihr habt keine Chance." Aufgrund aller gewonnenen Erkenntnisse legten wir unseren Plan für vier Jahre fest. Das erste Ziel stand völlig im Zeichen der Regeneration. Kira sollte sich mit voller Kraft erholen, weder physisch noch mental gestresst werden. Flankierend wurde, etwa durch externe Stimulation, alles getan, um alle vorhandenen Nerven und Muskeln zu erhalten. Im zweiten Jahr sehen wir uns an, was von dem Schaden noch reparabel ist. Was man auf biologischem, pharmazeutischem, homöopathischem Weg retten kann. Und wir wollen herausfinden, ob ein Nervenwachstum im Rücken tatsächlich unmöglich ist. Ich behaupte, es gab nur noch nicht die idealen Umstände dafür. Diesem Idealzustand müssen wir nahekommen. Im dritten Jahr wird es darum gehen, dass spezielle Muskeln für andere nicht mehr ansteuerbare in die Bresche springen und deren Funktion so umfassend wie möglich übernehmen. Martin Schwab ist zu der Erkenntnis gelangt, dass zehn Prozent der Nerven imstande sind, 80 Prozent aller Funktionen abzudecken. Aber dass das mit herkömmlichen Reha-Maßnahmen nicht zu bewerkstelligen ist, weil dafür in unserem Gesundheitssystem die Zeit, das Geld, der Wille und das Know-how fehlen. Im vierten Jahr werden wir uns dann für technische Hilfen öffnen. Robotertechnologie, Chips, Skelette zum Gehen etc. Was wir derzeit nicht auf dem Radar haben, ist die Stammzellentherapie, weil ihre Risiken gemäß unseren Quellen nicht ausreichend abschätzbar sind.

Unsere Vorgangsweise im Jahr eins zielte klar darauf ab, die Selbstheilungskräfte zu unterstützen. Indem wir das Immunsystem zu kräftigen versuchten, indem wir danach trachteten, basierend auf medizinischen Auswertungen, Nahrungsergänzungsmittel zielgerichtet einzusetzen. Damit alle Stoffe zur Verfügung standen, die die Regeneration voranbringen. Ein weiterer Schwerpunkt umfasste die bioenergetische Zellregenerationsmethode, die Su Scheiblbrandner anwendet. Wir versprachen uns davon eine schnellere Entgiftung und Entschlackung der Zellen, die unfallbedingt vorübergehend durch Schwermetalle, die vom umliegenden Bindegewebe abgewandert waren, lahmgelegt waren. Im Bereich der Erhaltung von Nerven setzten wir auf Elektrostimulation. Die dabei zum Einsatz gekommenen Geräte hatte uns Dr. Mayr zur Verfügung gestellt. Er verlinkte uns auch mit dem schwedischen Chiropraktiker Jörgen Sandell, der einen Anzug namens Mollii (früher: electro dress) mit 58 Elektroden entworfen hat, die mit Silberfäden und einem Computerprogramm verbunden sind. Durch diese Silberfäden leitet man für ein, zwei Stunden täglich Strom in einer Frequenz von 20 Hz – ideal für die Nervenstimulation. Kiras Physiotherapeuten wiederum sorgten dafür, dass ihr Körper regelmäßig viele von früher gekannte Bewegungen passiv wiederholte. Eine Investition in die Zukunft, weil Nerven, die möglicherweise wachsen und sich verbinden, Vergessenes und Verlorenes nur unter großen Schwierigkeiten zurückerobern können. Grundsätzlich sterben Nerven, die brachliegen und nicht gefordert werden, zwischen dem ersten und zweiten Jahr ab. Das kann man ignorieren (was vielfach geschieht), es nimmt dem Patienten aber auch die letzte Chance einer langfristigen und nachhaltigen Verbesserung seiner Mobilität.

Die Initiativen, die wir über die nächsten Jahre planen, werden Geld kosten, keine Frage. Vielleicht werden sie uns in der Existenz gefährden, ich weiß es nicht. Wir sind aber auch nicht so gestrickt, uns darüber jetzt den Kopf zu zermartern. Uns wird etwas einfallen, wenn es so weit kommen sollte. So wie wir auch in der Vergangenheit immer einen Weg gefunden haben, Geld aus einem neuen Topf zu schöpfen. Und wenn nicht, bin ich zu meinem Chef gegangen und habe hart verhandelt. Die 100 oder 500 Euro haben wir dann in zusätzliche Trainingsmaßnahmen und Ähnliches gesteckt.

Für uns als Familie hat sich viel geändert. Aber nicht so viel, wie manch einer vielleicht glauben würde. In den letzten Jahren avancierte Kiras Sport zu unser aller Hobby, wir verbrachten mehr oder weniger unsere gesamte Freizeit damit, jeder war auf mannigfaltige Art und Weise eingebunden. Was den Vorteil mit sich brachte, dass wir als Familie zusammen Zeit verbrachten, obwohl die Kinder längst selbstständig ihr Leben gestalteten. Ich fand das gut. Wir durchlebten gemeinsam Erfolge und Misserfolge, das Team hat funktioniert. Genauso wie das Umfeld. Und es funktioniert bis heute. Die Strukturen, die wir für den Sport aufgebaut haben, dürften tragfähig gewesen sein. Denn sie ließen sich eins zu eins für die neue Herausforderung umwandeln. Obwohl die Voraussetzungen denkbar ungünstig waren. 95 Prozent aller Paare, die in eine solche Situation geraten, trennen sich. 60 Prozent der Eltern auch, weil sich ein Elternteil für die Pflege aufopfert, die Beziehung darunter zwangsläufig leidet. Partnerschaften sind für solche Belastungen normalerweise nicht ausgelegt. Wie schnell ist man reizbar und reibt sich auf? Das ist der Normalfall.

Wir waren im Sport ein Team, und wir sind es heute noch. In den Nächten nach dem Unfall saßen wir da, konnten ohnehin nicht schlafen, arbeiteten Punkt für Punkt die To-do-Liste ab. Karin mit ihrer unglaublichen Zähigkeit, wie sie jedem einzelnen Spender persönliche Dankesworte zurückschrieb. Und sich diese Spender dann wieder meldeten und anmerkten, dass es noch nie vorgekommen war, dass ihnen für eine Spende von zehn Euro gedankt wurde. Das gemeinsame Arbeiten an dieser neuen Herausforderung half sogar ein bisschen, über den Schmerz hinwegzukommen. Und mein Gefühl sagt mir, dass wir diese Intensität, mit der wir an einer Optimierung aller Lebensumstände für Kira arbeiten, noch lange Zeit auf hohem Niveau durchhalten werden.

Ich selbst hätte durchaus noch ein paar andere Pläne in meinem Leben gehabt, wäre gerne mit Kira diesen Weg Richtung Weltspitze weitergegangen, vielleicht noch zehn Jahre, warum nicht? Ich hätte gern den uralten, denkmalgeschützten Bauernhof samt Stall, der hinter unserem Haus steht, herausgeputzt. Es hat sich anders ergeben. Gunnar Prokop nahm mich kurz nach Kiras Absturz ins Gebet: „Du musst eine Stabhochsprungschule gründen, darfst das Know-how nicht wegwerfen." Aber danach steht mir der Sinn so gar nicht. Seit der Unfall passiert ist, lebe ich eigentlich gar nicht mehr. Ich werde gelebt. Das ist nicht unbedingt schön, aber zu bewältigen. Und irgendwann wird es auch wieder schön. Wir sind da zusammen reingerasselt, wir stehen das gemeinsam durch. Ich bin für Kira da, solange sie mich braucht. Und wenn es für immer sein sollte, dann ist es so.

# Zielgerade

Die zwei verfrühten Geschenke, neuer Vertrauensarzt und eigener Rollstuhl, hatte ich dankend angenommen, jetzt konnte das Christkind getrost kommen. Dabei hatte ich schon die Ausbeute zu Nikolaus überaus überzeugend gefunden. Lara Vadlau, die durchgeknallte Segel-Weltmeisterin, war ebenso spontan hereingeschneit wie meine beste Freundin Nathalie, die ihr Studium in Wien für ein verlängertes Wochenende in der Heimat unterbrochen hatte. Die Mädels hievten mich ins Panorama Royal, und schon waren wir in die herrlichsten Klatsch- und Tratschgeschichten verstrickt. Wie früher! Mit Kuchen, Kaffee und diesen beiden um mich vergaß ich spielend alle Troubles in der Reha, ja sogar, dass ich im Rollstuhl saß.

Ich vergesse aber sicher nicht, über die Vorbereitungen auf die Weihnachtsfeier des Reha-Zentrums zu berichten. Die fand am 22. Dezember statt und verlangte einiges an Planung. Wegen der traditionellen künstlerischen Vorführungen. Ich ließ mich von Jana überreden, an einem Rollstuhltanz teilzunehmen. Fünf inkomplette Paraplegiker – ich und sechs Gehende, darunter einige Therapeuten – hatten das Stück über Monate einstudiert. Wobei Vanessa Sahinovic in letzter Sekunde ersetzt werden musste, weil die Familie Bad Häring von einer Minute auf die andere den Rücken gekehrt hatte. Schon die heimlichen, zweimal die Woche stattfindenden Proben machten unheimlichen Spaß. Lampenfieber war mir fremd, vielleicht weil ich ein paar Tage davor auf großer Bühne hatte üben dürfen. Bei „Stern-TV" in Köln hatte ich Moderator Steffen Hallaschka ein achtminütiges Live-Interview vor einem Millionenpublikum gegeben.

Meine Künstlerkollegen gaben sich auch keine Blöße, und so überraschte es niemand, dass der Tanz zum Highlight dieser stimmungsvollen Weihnachtsfeier wurde. Nur die „Zugabe"-Rufe sorgten bei uns Künstlern für Ratlosigkeit, wir hatten nichts anderes einstudiert, also spulten wir das Programm nochmals von vorne ab. Auch die anderen Darbietungen trugen zu einem wirklich gelungenen Abend bei. Eine Therapeutin überzeugte mit einer Gesangsdarbietung, ein Trompete spielender Pfleger trat mit seiner Band auf, selbst die Kindergartenkinder von Bad Häring brachten sich mit Vorführungen ein. Für das leibliche Wohl wurden Kekse, Glühwein und Punsch gereicht.

Am nächsten Tag leerte sich das Reha-Zentrum mit jeder Stunde ein wenig mehr. Die medizinische und pflegerische Leitung strebt an, jedem, der nur halbwegs dazu in der Lage ist, Weihnachten im Familienumfeld zu ermöglichen. Nur etwa zehn Patienten mussten stationär bleiben, wurden in einem Stockwerk zusammengefasst. Aber auch sie versuchte man, so gut es ging, mit Dekoration und gutem Essen in weihnachtliche Stimmung zu versetzen. Ich selbst hatte es gar nicht einmal so eilig, nach Hause zu kommen, galt es doch noch etwas zu genießen, worauf ich fünf, sechs Wochen sehnsüchtig gewartet hatte: eine Therapiestunde im Wasser. Wieder einmal waren es Harnwegsinfekte gewesen, die meine Premiere ein ums andere Mal verhindert hatten. Beim Debüt benötigte ich schon noch viel Hilfe in Form von Schwimmnudeln und Schwimmflügeln, im neuen Jahr aber waren die Fortschritte nach ein- bis zweimal wöchentlichem Badespaß unverkennbar. Am Ende meiner Reha brauchte ich nur mehr eine Schwimmnudel unter den Kniekehlen, um mich im Wasser auf dem Rücken liegend fortbewegen zu können. Als einzige Spaßbremse entpuppte sich die Wassertemperatur. Obwohl das kleine, 33 Grad warme Becken beinahe Badewannentemperatur erreichte, kühlte mein Körper binnen einer halben Stunde so weit herunter, dass mich den ganzen restlichen Tag fröstelte. Der gleiche Effekt stellt sich heute noch ein, wenn ich an kalten Wintertagen gar nicht mal so lange Zeit im Freien zubringe. Mein Körper passt sich nicht an die Außentemperatur an, kann Wärme nur über eine kurze Zeit speichern. Da hilft kein Reiben, kein Bewegen, weil in meinem Fall zu wenige Muskeln im Spiel sind – der Körper kühlt aus und erfängt sich über viele Stunden nicht mehr. Erst wenn die Haut unter einer Decke oder beim Ofen äußerlich heiß wird, entwickle ich wieder ein gewisses Wärmegefühl. Ausuferndes Herumtollen im Schnee werde ich in Zukunft jedenfalls auslassen müssen.

Meine sieben Sachen waren gepackt, die letzte Therapie war abgehakt, somit hieß es am Nachmittag des 23. Dezember: Driving home for Christmas. Mit Ausnahme einiger weniger Stunden, als die Sozialberaterin und die Ergotherpeutin unser Haus wegen allfälliger Umbaumaßnahmen inspizierten, hatte ich seit dem 30. Juli keine Zeit zu Hause verbracht. Ich genoss das Heimkommen daher in vollen Zügen – und die gemeinsame Zeit mit Christoph, mit dem ich mich abends gleich Richtung Innsbruck vertschüsste, um die vorübergehende Freiheit mit Sushi und Ente beim Japaner zu feiern.

Die erste Nacht seit fast fünf Monaten im eigenen Bett – ein überwältigendes Gefühl. Nur ein bisschen beengt, vor allem für Christoph, der mich bis dahin als sehr „platzsparende" Schläferin gekannt hatte. Vor dem Unfall hatte es keine Lebenslage gegeben, die unbequem genug gewesen wäre, um mich vom Schlafen abzuhalten. Ich ruhte auf dem Bauch, auf dem Rücken, an die Wand gequetscht, völlig egal. Und Christoph nützte meine Anpassungsfähigkeit, um den Großteil des Bettes für sich zu beanspruchen. Doch die Zeiten hatten sich geändert. Ich schlafe nun auf der Seite mit angewinkelten Beinen, weil sich so die Spastiken am ehesten unter Kontrolle halten lassen. In meinem Rücken wird ein Polster platziert, der verhindern soll, dass ich umkippe. Da braucht es schon einen genügsamen Bettgenossen. Einen mit tiefem Schlaf noch dazu. Denn um 23 und um 6 Uhr werde ich kathetert, dazwischen vielleicht noch das ein oder andere Mal umgelagert. Es ist also immer etwas los. Damit wir uns an diese neuen Umstände gewöhnten, überließen uns Mama und Papa für die Weihnachtszeit großzügigerweise das Elternschlafzimmer.

Der Heilige Abend folgt, wie wohl bei fast allen Familien, so auch bei uns lieb gewonnenen Traditionen. Der Weihnachtsbaum steht bereits geschmückt im Wohnzimmer, wenn wir darangehen, gemeinsam für das Abendessen zu kochen. Ich war dieses Mal mit Papa für die Vorspeise eingeteilt. Wir entschieden uns für Palatschinken mit Lachs, Frischkäse und Kren gefüllt, dazu Preiselbeeren. Mama verwöhnte uns mit Hirsch, Rotkraut und Semmelknödeln, Brit stellte sich mit einem Nachspeisen-Potpourri, bestehend aus Eis, Pannacotta und Schokoladekuchen ein. Um 18 Uhr begann das große Schmausen, Oma und Opa waren wie immer mit von der Partie. Nächster zu erwartender Programmpunkt: die Bescherung, die bei uns zeitlich immer ziemlich ausufert, weil der Beschenkte aufgerufen wird und dann vor aller Augen sein Präsent öffnet. Mitunter auch mehrere, viele. Das kann dauern. So wie bei mir 2015. Ich bekam wunschgemäß einen hellbraunen sündteuren MCM Rucksack, eine neue elektrische Zahnbürste, jede Menge Kleidungsstücke und eine Halterung für meine GoPro, die sich auch am Rollstuhl aufschnallen lässt. Am nächsten Tag zahlte ich die Zeche für zwei Tage Völlerei. In mir kämpfte die Ente gegen den Hirsch, und die Verliererin war – ich.

Am zweiten Weihnachtsfeiertag begann auch schon wieder der Therapiealltag, Physiotherapeut Philipp Gebhart bearbeitete mich jeden zweiten Tag, zu Neujahr schaute Dr. Schönfelder vorbei, Business as usual. Dazwischen trachtete ich danach, in Bewegung zu bleiben, und ging ein bisschen Rollstuhlfahren. Welcher Ort sich dafür am besten eignete? Natürlich die Trainingshalle, wo meine Karriere am 30. Juli so abrupt zu Ende gegangen war. Der Besuch löste keine großen Empfindungen in mir aus – außer Freude, meine alten Trainingskollegen wiederzusehen. Die restliche Ferienzeit verbrachten wir mit Spazierengehen und Shoppen, ich schaute Christoph bei einem Eishockeyspiel zu, einen Medientermin im ORF-Landesstudio Tirol absolvierte ich auch. Wobei mich dort die sieben- oder achtjährige Tochter eines Mitarbeiters am meisten beeindruckte. Endlich machte sich mal jemand über die wirklich wichtigen Fragen Gedanken: „Machst du dir selbst die Haare? Kannst du dir deine Frisur aussuchen? Kannst du selbst entscheiden, welche Kleider dir angezogen werden?" Dreimal „Ja".

Ein einschneidendes Erlebnis hielt auch der 30. Dezember für mich bereit. Wir frühstückten alle gemeinsam in unserem Ess-/Wohnzimmer, an das sich nahtlos Küche und, auch nur getrennt durch einen Durchgang, die Speisekammer anschließen. Dort wollte ich Christoph zeigen, wo der Tee lagert. Er hat es aber nie erfahren (oder aber inzwischen selbst herausgefunden). Wegen einer ein, zwei Zentimeter hohen Türschwelle zwischen Küche und Vorratskammer – und weil ich den Kippschutz meines Rollstuhls deaktiviert hatte. Mein fahrbarer Untersatz neigte sich in Sekundenbruchteilen nach hinten, ich krachte mit dem Kopf auf den Steinboden und lag auf dem Rücken. Große Aufregung bei allen Anwesenden, insbesondere bei Mama. Ich testete gleich hektisch, ob alle Funktionen noch abrufbar waren. Check! Da rief Brit: „Probiere, ob noch was dazugekommen ist!" Leider nicht. Mit Ausnahme der Riesenbeule auf meinem Hinterkopf. Unsere Sorge galt allerdings eher der Platte, mit der die Halswirbel vier bis sechs verschraubt sind. Wir entschlossen uns, Dr. Hoser zu kontaktieren. Der hatte, wie immer, wenn mir etwas zustößt, Dienst, röntgte die heikle Passage und gab sofort Entwarnung.

Am 3. Jänner feierte ich mein „Comeback" in Bad Häring, zehn Tage später befand ich mich schon wieder on Tour. Diesmal neuerlich in Wien, und das gleich für vier Tage, die uns samt Flug ein privater Gönner finanzierte. Zunächst machte ich Sportminister Klug die Aufwartung, der mir an seinem letzten Arbeitstag im Verteidigungsressort verkündete, dass das Bundesheer meine Anstellung verlängern würde. Welche Position für mich vorgesehen sei, wird sich erst herausstellen. Einstweilen amtiere ich als Botschafterin für das Projekt Rio. Neben einem ausgedehnten Einkaufsbummel mit Familie und meiner Freundin Nathalie standen auch zwei Besuche bei einem Akupunkteur auf dem Programm, dem der Ruf vorauseilte, eine Art Wunderheiler zu sein. Mir war die ganze Sache, sprich: der Hokuspokus rund um die Nadelstiche, nicht ganz geheuer. Zudem kann ich es nicht ausstehen, wenn jemand meine Beine unsanft behandelt, richtiggehend auf die Liege knallt. Auch wenn ich dort nichts spüre, das gehört sich nicht. Richtig wütend wurde ich aber, als Mama zurück im Hotelzimmer eine Akupunkturnadel in meiner Bauchdecke fand.

Zwei Wochen später büchste ich schon wieder aus, diesmal um die Größen der heimischen Politik zu treffen. Okay, ich gebe es zu, es ergab sich eher zufällig. Ich war auserwählt worden, bei der Opernredoute in Graz, der kleinen Schwester des Wiener Opernballs, als Living-Culture-Kulturbotschafterin ein von Designer La Hong umgeschneidertes altes Ballkleid spazieren zu tragen. Doch die meiner Familie, Christoph, Tom und mir zugedachte Loge erwies sich als nicht behindertengerecht. Deshalb platzierten mich die Organisatoren kurzerhand am Einsertisch unmittelbar neben dem Parkett. Meine Tischnachbarn: Außenminister Sebastian Kurz, der soeben als Präsidentschaftskandidat ins Rennen gegangene Rudolf Hundstorfer und der Grazer Bürgermeister Siegfried Nagl. Aber auch die Politgranden konnten mich nicht lange bei Laune halten, der Interview- und Fotomarathon kostete einmal mehr ziemlich viel Kraft. Und ich musste am nächsten Tag fit sein, hatte vereinbart, den drei Wochen davor beim Pre-Training für die Skiflug-WM in Bad Mitterndorf verunglückten Skispringer Lukas Müller im Krankenhaus zu besuchen. Der Kärntner hatte sich bei dem Sturz den sechsten und siebenten Halswirbel gebrochen, war aber mit einem inkompletten Querschnitt davongekommen. Schon bei meinem Besuch konnte er seine Arme einwandfrei bewegen, die Rumpfmuskulatur ansteuern, die Beine reagierten auf Berührungen. Ein paar Wochen später trafen wir einander in Bad Häring, und ich konnte mich davon überzeugen, dass sich Lukas schon ganz prächtig fühlte. In einem Interview las ich, dass er im LKH Graz viel mehr Spaß hatte, weil die Schwestern dort wesentlich jünger seien als in Bad Häring. Mir gegenüber beschwerte er sich, dass er im Schulterbereich so stark an Muskeln zugelegt habe und das seinem Schönheitsideal als Skispringer so gar nicht entsprach. Ich dachte lediglich: „Deine Sorgen möchte ich haben."

Mehr zu lachen hatten wir beim hausinternen Faschingsumzug, der unter dem Motto „Grimms Märchen" stattfand. Meine Ergotherapeutin Lisa, mit der ich mich immer blendend verstanden hatte, und ich hatten eine ganze Gruppe dazu vergattert, mit uns als Schneewittchen aufzutreten. Lisa hatte die Hauptrolle, ich gab die böse Stiefmutter, die sieben Zwerge rekrutierten wir aus Therapeuten, Praktikanten und Patienten, übrig blieb der Spiegel – dafür wurde der Zivildiener verpflichtet. Müßig zu erwähnen, dass wir als größte Gruppe für das meiste Aufsehen sorgten.

Der letzte Monat meiner Therapie war angebrochen, und sobald der 10. März als Tag meiner Abreise feststand, fieberte ich ihm mit Ungeduld entgegen. Ich hatte mir geschworen – selbst wenn ich Fieber, Typhus, Malaria bekomme, ich bliebe keinen Tag länger. Einen Familien-Kurzurlaub schoben wir noch ein – in Savognin, einem Skigebiet im Schweizer Kanton Graubünden, das Feratel-Vorstand Dr. Markus Schröcksnadel, Sohn des ÖSV-Präsidenten, gehört. Der dort jährlich abgehaltene Benefizevent wurde 2016 mir gewidmet. Er bestand aus einem Skirennen, das Niki Hosp standesgemäß für sich entschied und bei dem Brit wackere 21. wurde, einem Wettkampf im Reifenwechseln, einer amerikanischen Auktion und einer Benefizgala auf dem Berg, bei der unter anderem Ex-Songcontest-Teilnehmerin Nadine Beiler auftrat.

Dann ging es auf die Zielgerade, ein letzter Medientermin noch mit dem „Sportmagazin", das mir mit einer Länge von zweieinhalb Stunden das ausführlichste Interview meiner ganzen Karriere entlockte. Und dann war er da, der Tag des Abschiednehmens. Anstelle letzter Therapieeinheiten begab ich mich, mit Partybrezeln bewaffnet, in alle Abteilungen, um Danke zu sagen. Einigen jungen Pflegerinnen und meiner Ergotherapeutin Lisa ging das Ende der gemeinsamen Reise doch sichtlich nahe, mir aber auch – ein bisschen. Dann klapperte ich alle mir bekannten Patienten ab. Auch da floss die eine oder andere Träne – auch bei gestandenen Männern, bei denen ich das nicht unbedingt erwartet hätte. Ich hingegen blieb weitgehend gefasst, mein Blick war längst nach vorn gerichtet.

Knapp sieben intensive, prägende Monate lagen hinter mir. Ich habe diese Zeit als unheimlich lehrreich, oft hart und substanzzehrend, manchmal auch als beglückend erlebt. Und ich blicke auf sie mit Stolz zurück. Weil ich mir trotz – oder vielleicht sogar wegen – manch ärgerlicher Hindernisse unheimlich viel aneignen konnte, was für mein weiteres Leben wertvoll sein wird. Es war mir vergönnt, einige sehr inspirierende Menschen kennenzulernen, einige „Legenden" von Bad Häring, die nur alle fünf bis sieben Jahre für einen Urologie-Check oder Ähnliches vorbeikommen. Einen Tetraplegiker zum Beispiel, der tatsächlich nur den Kopf bewegen kann, der nach seinem Unfall die Matura nachgemacht, ein Informatikstudium durchgezogen und eine Firma gegründet hat. Daniel wiederum, der in der Ergotherapie mithilft, zeigte mir eine Unmenge von Techniken und Alternativen für alltägliche Handgriffe.

Die Momente, die bleiben, sind die der kleinen und größeren Triumphe. Ende September 2015 zum Beispiel, als ich das erste Mal im Langsitz verweilen konnte – ohne Rückenlehne und ohne mich mit den Händen abzustützen. Heute eine Selbstverständlichkeit, damals lagen meine Therapeutin und ich uns weinend vor Freude in den Armen. Eine weitere große Errungenschaft: der Tag, an dem es mir gelang, mich vom Liegen ins Sitzen aufzurichten. Der Coup funktioniert zwar nur mit einer bestimmten Jogginghose mit besonders großen Taschen, aber – who cares? Mit Stolz erfüllte mich auch das erste Mal, als ich allein mit dem Rollstuhl von der Therapie ins Zimmer fuhr. Der Weg war das Ziel – und eine kleine Odyssee, weil die Türen des Liftes schneller schlossen, als ich rauszufahren vermochte, und weil ich dann in der Hektik auch noch die Taste für das richtige Stockwerk verfehlte. Aber im Endeffekt kam ich an.

Das lässt sich im übertragenen Sinn von einer ganzen Reihe von anfangs schwierigen Aufgaben berichten: Essen, Zähneputzen, Schreiben, Handschuhe anziehen, Geldscheine aus dem Portemonnaie nehmen und zurückstecken, Dosen öffnen (wenn sie nicht fest verschlossen sind), mich aus dem Rollstuhl lehnen, um Dinge vom Boden aufheben, Münzen in einen Automat werfen, frei sitzen, mich vom Bauch auf den Rücken drehen (die Beine liegen dann allerdings kreuz und quer in der Gegend herum), den Rucksack auf den Schoß hieven, wenn er hinten auf dem Rollstuhl hängt (und wieder retour), die Füße richten, wenn sie einmal „nicht schön stehen", oder ein T-Shirt anziehen (bei der Hose scheitere ich noch am Po). Ich habe Weihnachtskekse gebacken und Geschenke eingepackt (Tixo abreißen ist noch eine Baustelle!), habe mit einem „Tetra"-Kollegen eine Lasagne hingekriegt und gelernt mich zu schminken. Und zwar das komplette Programm – seit ich mir die eckige Wimperntusche besorgt habe, rutscht sie mir auch nicht mehr aus der Hand. Gerade in den letzten drei Wochen vor der Entlassung habe ich noch einmal mächtige Fortschritte erzielt. An Aufgaben für die Zukunft mangelt es auch nicht. Zwei lohnende Ziele für die nächste Zeit: das Drehen im Bett von Seite zu Seite und den Transfer vom Rollstuhl ins Bett.

Rechtzeitig mit Ende der Therapie gelang es mir auch, ein Anfang November begonnenes Projekt abzuschließen. Vier Monate war ich einmal wöchentlich „ins Holz gegangen", so der Reha-Terminus für: Übung mit einem Werkstück aus Holz zur Schulung motorischer Fähigkeiten. Für mich eine Win-win-Situation. Einerseits konnte ich meine Feinmotorik entwickeln, andererseits die gleichzeitig angesetzte Rollstuhleinheit spritzen. Ich entschloss mich, an einem Serviertablett zu arbeiten, und überraschte mich selbst, wie viele von den Arbeitsschritten ich umsetzen konnte. Vom Löcherbohren über das Abschmirgeln bis zum Weben erledigte ich einen Großteil der Tätigkeiten in Eigenregie. Eine reife Leistung – außer mir hatten sich nämlich ausschließlich Paraplegiker an die knifflige Aufgabe herangewagt.

Für all jene, die mich in Bad Häring vermissen, gibt es tolle Neuigkeiten. Ich komme wieder, viel früher als gedacht. Nach einem stationären Krankenhausaufenthalt, der es mir in weiterer Folge erlauben soll, das Kathetern selbst zu übernehmen, lasse ich mich im Spätherbst 2016 im Reha-Zentrum für voraussichtlich sechs Wochen aufpäppeln. Mal sehen, ob die früher erworbenen Rechte noch Gültigkeit haben.

# Home, Sweet Home

Das Haus in Kematen, in dem wir wohnen, diente der Bäckerei Ruetz als erste Backstube. Das muss an der Schwelle vom 19. zum 20. Jahrhundert gewesen sein. Das Haus ist wesentlich älteren Ursprungs. So wie das Bauernhaus mit Stall genau dahinter, das sich seit einigen Jahren ebenfalls in unserem Besitz befindet. Was die beiden Gebäude voneinander unterscheidet? Das unbewohnte, ziemlich baufällige, nur als Lager nutzbare Gehöft steht unter Denkmalschutz. Schlecht für mich. Denn der Platz wäre ideal gewesen, um ein modernes Haus ganz nach meinen Bedürfnissen zu errichten.

Dabei wären wir durchaus gewillt gewesen, die Inputs des Denkmalamts in unsere Planungen einfließen zu lassen. Wenn sich diese in einem halbwegs akzeptablen Rahmen bewegt hätten. Aber schon das Erstellen von Plänen erwies sich als Ding der Unmöglichkeit. Einmal standen die Fenster unter Denkmalschutz, das nächste Mal das Gebälk, dann wieder die Hausmauer. Was in der einen Woche als Um und Auf galt, schien beim nächsten Meeting völlig nebensächlich. Man konnte sich nach nichts richten, außer danach, dass das Projekt mit jedem Gespräch noch teurer wurde. Und man hatte das Gefühl: Hier spielt ein Beamter Monopoly mit unserem Geld. Am Ende bewegten wir uns auf eine Summe von 1,5 Millionen Euro zu – aber nur für das Instandhalten und -setzen der denkmalrechtlich relevanten Bereiche, nur um den Vorgaben des Denkmalamtes Genüge zu tun. Meine Bedürfnisse, geschweige denn die Einrichtung, waren da noch nicht inkludiert.

Dazu kommt, dass ich aufgrund der unterschiedlichen und laut Denkmalamt unabänderlichen Deckenhöhe zwischen den Gebäudeteilen nur den Stall hätte nützen können. Es wäre letztlich also immer nur eine akzeptable, aber nie optimale Lösung geworden. An die Vernunft zu appellieren, auf meine besondere Situation hinzuweisen – völlig zwecklos. Denkmalschutz steht über dem Individuum. Natürlich versuchten wir durch das Knüpfen von Kontakten zu politischen Stellen das Blatt zu unseren Gunsten zu wenden. Doch Denkmalschutz ist Ländersache, wodurch dem Bund schon mal die Hände gebunden sind. Letztlich auch Landeshauptmann Günther Platter, der mich Ende September 2015 in Bad Häring besucht und mir Hilfestellungen zugesichert hatte, wo auch immer ich sie brauchen sollte. Faktum ist: Ohne Kooperationsbereitschaft des zuständigen Beamten lässt sich nichts erreichen. Und die hat der Mann vom Denkmalamt kategorisch ausgeschlossen. Er ließ inzwischen alle diesbezüglichen Akten sperren und uns wissen, dass wir ihn getrost durch alle Medien schleifen könnten. Er werde sich für diesen Fall ein Burn-out diagnostizieren lassen, in den Ruhestand eintreten, und wir erhielten einen Nachfolger, der die Sache genau gleich sieht.

Ich habe die Option einer zukünftigen Wohnstätte an diesem Ort für mich abgeschrieben, wir suchen längst nach einer anderen Lösung. Bis diese ausgegoren ist, haben wir eine für die nächsten paar Jahre tragfähige Variante gewählt, nämlich unser Wohnhaus adaptiert. Aus der bisher ungenützten Tenne haben wir einen Therapieraum und ein neues Schlafzimmer für mich entstehen lassen. Letzteres ermöglicht mir den direkten Zugang zum beträchtlich vergrößerten Bad, wo sich nun eine barrierefreie, riesige Dusche, eine höhenverstellbare Badewanne und ein unterfahrbares Waschbecken befinden. Mein bisheriges Zimmer bewohnt seit 27. Juli meine 24-Stunden-Hilfe. Izabela, eine 33-jährige gebürtige Polin, spricht bereits jetzt hervorragend Deutsch und freut sich darauf, dass auch immer wieder ein paar Reisen Abwechslung in ihre anspruchsvolle Tätigkeit bringen werden. Ich bin guter Dinge, dass wir toll miteinander auskommen werden.

Der Umbau, obwohl eigentlich nur Zwischenstufe, nahm beachtliche Dimensionen an. An der Rückseite des Hauses wurden ein Lift und ein neues Treppenhaus angebaut. Und alsbald zeichnete sich ab, dass das ursprünglich für Mitte Februar angepeilte Projektende nicht zu halten sein würde. Dass sich auch Mitte März, meine Heimkehr, nicht ausgehen würde. Im Endeffekt waren sämtliche Adaptierungen erst Mitte Mai nutzbar. Auch kein Drama, rückten wir eben in dieser Zeit ein bisschen enger zusammen. Die Physiotherapie-, Osteopathie- und Cranio-Sakral-Behandlungen, die bereits fünf Tage nach dem Abschied von Bad Häring fortgesetzt wurden, fanden im Wohnzimmer statt, die 24-Stunden-Hilfe hatte ich ohnehin noch nicht zur Verfügung. Mama war für ein knappes Jahr in diese Rolle geschlüpft. Eine sehr fordernde Aufgabe, speziell wenn wir zu zweit auf Reisen waren. Mehr als zwei Tage sind einer Person in dieser Konstellation eigentlich nicht zuzumuten. Denn zwei Tage bedeuten zweimal 24 Stunden, mehr oder minder nonstop. Am Abend wird um 23 Uhr letztmals kathetert, morgens um sechs zum ersten Mal. Dazwischen lägen in der Theorie sieben Stunden, die in ein paar kleine Schlafportionen zerteilt werden, wenn ich unbequem liege, Durst bekomme oder sonst etwas Unvorhergesehenes passiert. Ich bin, auch wenn es niemand glauben mag, der mich trifft, nach wie vor ein Pflegefall. Mein großes

Ziel besteht darin, mich jeden Tag, Schritt für Schritt, aus dieser Umklammerung zu befreien. Eines fernen Tages möchte ich selbstständig sein, einen Tag vom Aufstehen bis zum Zu-Bett-Gehen ohne fremde Hilfe bestreiten können. Und ich bin überzeugt: Es wird gelingen. Auch wenn mir dieser lange, steinige Weg viel abverlangen wird.

Die ersten zwei Wochen zurück in der Homebase wären eigentlich für das „Ankommen" reserviert gewesen. Aber irgendwie reihte sich Medientermin an Medientermin, Verpflichtung an Verpflichtung. Störte mich nicht, es darf ruhig ein bisschen was los sein. Ich darf ruhig ein bisschen gefragt sein. Zum Beispiel für Motivationsvorträge. Schon als ich auf der Intensivstation lag, gingen mir Gedanken über meine berufliche Zukunft durch den Kopf. Was mache ich denn jetzt in meinem neuen Leben? Stabhochspringen? Leider nein, wie's aussieht. Pharmaziestudium? Sicher eine Option. Aber mal sehen, ob es mich bis zum Bachelor oder Master überhaupt fesselt. Kokommentatorin? Muss sich ergeben. Motivationsvorträge? Würde mir sicher extremen Spaß machen. Und wäre richtig glaubwürdig. Schließlich bin ich es, die jetzt Tiefen erlebt, die den meisten Menschen (zum Glück) vorenthalten bleiben. Und es zeichnet sich ab, dass ich mit dieser Krise fertigwerde, dass ich womöglich sogar herausfinde, wie man an ihr wächst. Wenn irgendeine Stabhochspringerin ihre Erkenntnisse über die Höhen und Tiefen des Lebens zum Besten gibt, interessiert das niemand. Es lohnt sich, nicht aufzugeben, das Leben geht auch nach Tiefschlägen weiter, es finden sich neue Ziele. So what? Wenn ich das sage, hat das ungleich mehr Gewicht. Ich habe es sehr drastisch am eigenen Leib erfahren. Und das neue Ziel habe ich auch schon parat: selbstständig zu werden statt Weltmeisterin.

Diese meine Erkenntnisse, diese Erfahrungen biete ich nun an. Unternehmen, Institutionen. Als Vorträge und in Form von Interviewrunden. Das Echo ist bislang ermutigend. Ich habe im Innsbrucker Casino referiert, bin mit meinen Eltern der Belegschaft eines Linzer Unternehmens Rede und Antwort gestanden (Thema: „Was braucht es zum Glücklichsein?"), habe meine Expertise beim „Human Rights Festival" in Graz mit dem Publikum geteilt. Die Emotionen, die vor so einem Auftritt hochkommen, erinnern mich stark an mein Sportlerleben. Ein Kribbeln im Bauch, das nötige Quantum Nervosität, um hellwach zu sein. Über zu wenig positives Feedback kann ich mich bisher nicht beschweren. Man bescheinigt mir ein hohes Maß an Authentizität. Das mag daher rühren, dass ich abseits meiner PowerPoint-Präsentation immer frei spreche. Das Leben lässt sich nicht auswendig lernen.

Ein paar andere öffentliche Auftritte sorgten bei mir ebenfalls für Gänsehaut. Etwa die Tiroler Sportlerwahl im April

2016. Im Vorjahr war ich dort als „Aufsteigerin des Jahres" mit dem „Victor" ausgezeichnet worden. Diesmal wurde ich gebeten, die Laudatio auf die erfolgreiche Titelverteidigerin in der Kategorie „Tiroler Sportlerin des Jahres" zu halten: Riesentorlauf-Weltcupsiegerin Eva-Maria Brem. Ihre Dankesrede fand ich besonders berührend. „Der ‚Victor' bedeutet mir sehr viel. Aber noch mehr bedeutet mir, dass Kira meine Laudatorin ist. Das, was sie leistet, kann niemand von uns einschätzen."

Nach allerlei Promotion-Auftritten und Fotoshootings wurde es am 7. Mai für das Team Kira ernst. 154 Läuferinnen, Läufer und ich versammelten sich mit fast 14.000 Gleichgesinnten, unter ihnen Marcel Hirscher, Thomas Morgenstern, Andreas Goldberger u.v.m. vor dem Wiener Künstlerhaus, um am „Wings for Life World Run" zugunsten der Rückenmarksforschung teilzunehmen. Ziel des Charity Run ist es, durch möglichst viele Teilnehmer möglichst hohe Startgelder zu lukrieren, die mithelfen sollen, Querschnittslähmung heilbar zu machen. Sportlich geht es darum, sich möglichst lange vor dem „Catcher Car" zu halten, das eine halbe Stunde nach den Läufern startet und seine Geschwindigkeit stetig erhöht. Als vielleicht einzige der weltweit 130.000 Teilnehmer wurde meine Mama nie erwischt – sie musste nach 2,5 Kilometern wegen eines Muskelfaserrisses in der Wade aufgeben. Mein Manager und ich schafften es bis Kilometer 8,6. Wobei ich zu meiner Entschuldigung anmerken muss, dass ich durch meine Verpflichtung, den Startschuss zu geben (gemeinsam mit Lukas Müller), wertvolle Zeit verlor, um vom Podest auf die Laufstrecke zu kommen. Mein Freund Christoph war da schon über alle Berge, wurde erst bei Kilometer 30,4 eingeholt. Als Team Kira schlugen wir uns bravourös. Unter allen weltweit angetretenen Mannschaften stellten wir das zwölftgrößte Team und belegten mit 2.616,55 gelaufenen Kilometern Rang 9. Die 130.000 Starter in 35 Locations bzw. 33 Ländern zeichneten schließlich für eine Spendensumme von 6,6 Millionen Euro verantwortlich. Für mich zählte der „World Run" zu den schönsten Veranstaltungen, an denen ich in meiner neuen Rolle bisher teilnehmen durfte. Ich war zwar nicht mit Höchstgeschwindigkeit unterwegs, aber das brachte auch Vorteile. Dutzende Vorbeieilende hatten so die Gelegenheit, mit mir ein paar Worte zu wechseln. Einhelliger Tenor: „Mach weiter so, Kira!" Womit meiner Auffassung nach nicht unbedingt mein gemächliches Tempo beim „World Run" gemeint war.

Mit großer Vorfreude kam ich der Einladung zur Anfang Juli ausgetragenen Leichtathletik-Europameisterschaft in Amsterdam nach. Zwei Jahre nach meinem internationalen Durchbruch in Zürich wurde mir die Ehre zuteil, am vorletzten Wettkampftag die Medaillen an die Top 3 im Stabhochsprung der Herren zu überreichen. Am Vormittag hatte mir noch ein Harnwegsinfekt schwer zu schaffen gemacht, doch Dr. Sigrun Schönfelder, die mit dem ÖLV-Team vor Ort war, päppelte mich rasch wieder auf. Im Leichtathletikstadion erwies sich die VIP-Tribüne glücklicherweise als nicht behindertengerecht – deshalb mussten Brit und ich auf eine spezielle Tribüne für Rollstuhlfahrer ausweichen, die sich unmittelbar vor der Stabhochsprunganlage befand. So kamen wir auch noch in den Genuss des Damenbewerbes, in dem meine Freundin und frühere Trainingskollegin Angelica Moser mit meiner zwei Jahre alten Bestleistung von 4,45 Metern Siebente wurde. Für den emotionalen Höhepunkt sorgte aber eine andere Freundin: Ivona Dadic. Meine Zimmerkollegin aus Jugendtagen, wie gewohnt die Fingernägel schrill rot-weiß-rot lackiert, übertraf nicht nur mit neuem ÖLV-Rekord das zuletzt knapp verpasste Olympialimit (6.200 Punkte) um 208 Zähler, sondern holte damit auch noch souverän EM-Bronze. Brit und ich schrien uns auf Ivis Ehrenrunde die Kehle heiser, bis sie uns bemerkte und versuchte, die Absperrungen zu überklettern. Als sich diese als zu hoch entpuppten, borgte sie sich kurzerhand einen Sessel von einem Stabhochsprungtrainer, der direkt vor uns saß, um sich den Weg zu uns zu bahnen. Das Wiedersehen nach über neun Monaten fiel entsprechend überschwänglich aus.

# In meinem Kopf gehe ich den ganzen Tag

Verdrängung, Wut, Selbstmitleid, Akzeptanz – so sollen sie ablaufen, die Phasen der Trauer, der Trennung, des Abschieds. Wichtiger Zusatz: in der Theorie. Ich habe drei der vier Phasen übersprungen (oder sie kommen mit großem zeitlichem Abstand in einer völlig verkehrten Reihenfolge). Ich habe sie übersprungen, ohne es gemerkt zu haben, habe einfach nicht darüber nachgedacht. Verdrängung, Wut, Selbstmitleid – selbst jetzt, da ich weiß, dass diese Episoden angeblich zu einer vollständigen Verarbeitung eines Schicksalsschlages dazugehören sollen, kommen sie mir sinnlos und unnütz vor. Das Unglück ist passiert, niemand kann es rückgängig machen. Ich habe keinerlei Sinn darin gesehen, etwas nachzutrauern.

Keine Ahnung, wie Sigmund Freud oder weniger begabte Psychologen von heute meine Träume deuten würden, Faktum ist: Ich sehe mich darin zunehmend seltener im Rollstuhl. An den Rollstuhl gefesselt, welch schöne Metapher, habe ich mich ohnehin nie gefühlt. Wie diese Träume eindrucksvoll belegen. Klappe. Ein herrlicher Sommertag. Ich allein am Sandstrand. Mit dem Rollstuhl gibt es kein Vorwärtskommen. Also stehe ich auf, lasse ihn stehen und gehe schwimmen. Klappe. Die Burschen mit mir auf Trainingslager. Ich sehe ihnen aus dem Rollstuhl zu, wie sie ihre Übungen absolvieren. Sieht richtig scheiße aus. „Warum schafft ihr das nicht?", weise ich sie zurecht, „das kann ja ich noch besser." Stehe auf und zeigen ihnen, wie es richtig geht. Klappe. Ich im Vergnügungspark. Kaufe eine Karte, setze mich in der Hochschaubahn auf einen dieser megaharten Sitze und denke mir: Hoffentlich bekomme ich davon keine Druckstelle. Klappe. Im diesem letzten, jüngsten Traum verkommt die Querschnittslähmung zur Randnotiz. Nach dem Motto: Ah, die gibt's ja auch noch. Mir jedenfalls gefallen meine Träume. Ich finde es wichtig, mich darin gehen zu sehen.

Verdrängung, Wut, Selbstmitleid – Letzteres kenne ich wenigstens noch von meiner Zeit vor dem Unfall. Da konnte ich durchaus in Weltuntergangsstimmung geraten, wenn mich eine Verletzung zurückwarf, meine Saison vorzeitig beendet werden musste. So richtig aus der Contenance brachten mich Schmerzen am Fußrücken, die mich über mehr als eine Saison begleiteten. Ich konsultierte zu 20 Ärzten, Heilpraktikern, keiner konnte deuten, wo das Ungemach seinen Ausgang nahm, geschweige denn, wie es zu behandeln war. Zwischendurch glaubte ich schon, mir die Schmerzen einzubilden, sprach mit meinem Psychologen darüber. Die MRT-Bilder zeigten manchmal ein Ödem, manchmal nicht, unabhängig davon kamen die Schmerzen und verschwanden. Es war zum Verzweifeln. Weil ich auch nicht wusste, wie ich darauf reagieren sollte. Trainingspause? Trainieren, als ob nichts wäre, und eine Verschlechterung riskieren? Irgendwann, als ich schon jede Hoffnung begraben hatte, wurde ich die Plage doch noch los: durch Akupunktur.

Viele Menschen haben mir ihre Bewunderung ausgedrückt, wie ich mit meinem Schicksal umgehe. Dabei kann ich gar nicht sagen, dass ich damit „umgehe". Ich habe aktiv nichts beigetragen. Vielleicht ist es ein Talent, das mir in die Wiege gelegt wurde. Vielleicht liegt es an der Erziehung. Wenn wir uns als Kinder selbst verschuldet wehtaten, hat Papa stets gesagt: „Schluss mit dem Rumgeheule! Jetzt wisst ihr, warum es wehtut. Lernt daraus fürs nächste Mal." Oder es bestätigt sich, was manche sagen: „Eine Querschnittsverletzung widerfährt nur dem, der stark genug ist, sie zu ertragen." Keine Ahnung. Ich habe weder intensiv über meine Lage nachgedacht, noch auf psychologischer Ebene daran gearbeitet. Dr. Willis zeigte sich bezüglich meiner mentalen Verfassung stets zufrieden, legte mir nur das schon skizzierte Self-Healing-Denkmodell ans Herz.

Nach einiger Zeit wurde ich des Gedankenspiels überdrüssig und legte mir meine eigene Mentalübung zurecht. Ich stelle mir Bewegungen vor, Übungen, komplette Trainings, bis ins letzte Detail. Wie fühlt sich eine Kniebeuge mit Zusatzgewicht an? Ist die Hantel kalt oder warm? Wie fühlt es sich an, das Gewicht mehr auf den rechten Fuß zu verlagern, einen Schritt nach vorn zu machen, die Last auf den Schultern zu spüren, den Rücken anzuspannen? Oder ich simuliere gedanklich ein ganzes Stabhochsprungtraining. Wie fühlt sich der Wind auf der Haut an? Wie der fest gebundene Schuh? Schwieriger ist es für mich, mir das Gehen vorzustellen. Weil es im Gehirn automatisch passiert. Aber auch das ist nur Trainingssache. Ich finde es wichtig, das Gefühl aufzustehen, zu gehen nicht zu vergessen. Vielleicht auch, um es parat zu haben, falls man es einmal braucht. Im Kopf gehe ich den ganzen Tag, bewege meine Beine vielleicht sogar öfter als früher. Nur eben mental. Dabei spüre ich ein Kribbeln, jedes Mal, wenn ich die Muskeln dort ansteuere.

Für manche mag es sich unwirklich, vermessen, merkwürdig angehört haben, als ich schon auf der Intensivstation davon sprach, eine Vorbildrolle annehmen zu wollen. Ohne zu wissen, ob ich in den Wochen und Monaten danach physisch und psychisch dazu in der Lage sein würde. Aber eine Vorahnung hatte ich wohl. Wobei es unendlich schwer ist, Menschen in meiner Situation Ratschläge zu erteilen. Jeder Querschnittpatient tickt anders, jeder muss letztlich seinen eigenen Weg finden, mit der Herausforderung klarzukommen. Es verhält sich nicht anders als beim Stabhochspringen. Du kannst hunderte Trainer, Psychologen und Einflüsterer haben. Aber wenn's drum geht, die Latte zu überspringen, bist du ganz allein.

Ich betrachte meinen Unfall als vorherbestimmt, als ein Schicksal, dem man nicht entrinnen kann. Wäre es mir nicht am 30. Juli passiert, dann eben am 31. Oder vielleicht drei Wochen später bei der Leichtathletik-WM in Peking. Kein allzu verlockender Gedanke. Vielleicht musste es einfach in dem Moment passieren. Und wenn nicht mir, dann jemand anderem. Das hätte es auch nicht besser gemacht. Vielleicht ist es meine Vorbestimmung, möglichst viele Menschen mit dieser Art von Verletzung vertraut zu machen. Sie darüber aufzuklären, dass Querschnittslähmung viel mehr bedeutet, als nur nicht gehen zu können. Dass die Höhe der Rückenmarksverletzung die Einschränkung bestimmt. Dass Tetraplegiker neben den Beinen auch ihre Arme nicht oder nur teilweise benützen können, dass sie nur wenige Muskelgruppen ansteuern können. Dass ihr Temperaturhaushalt nicht mehr im Gleichgewicht, dass Schwitzen nicht mehr möglich ist, vielleicht aber nur auf der linken Körperhälfte, vielleicht nur oberhalb der Rückenmarksschädigung. Dass der Puls nicht mehr über 110 klettert, man weniger Kalorien verbrennt, fast jeder ein Bäuchlein bekommt, obwohl viele in den drei, vier Wochen nach dem Unfall infolge des Muskelverlustes 15 Kilo abnehmen (ich liege bei minus fünf im Vergleich zu meinem

Wettkampfgewicht). Dass man keine Kontrolle über seinen Stoffwechsel hat. Dass es endlos viele Ausprägungsformen gibt, Patienten, die ihre Beine spüren und dennoch nicht gehen können, Patienten, die in ihren Beinen kein Gefühl haben, aber imstande sind, sich fortzubewegen. Und, und, und.

Rosalinde sieht mich als dieses Role Model. Die lebenslustige Esoterikerin in ihren Fünfzigern teilte mit mir in der Anfangsphase meines Bad-Häring-Aufenthaltes das Zimmer 207. Sie hatte sich erstmals seit 20 Jahren zu einem Wiederholungstraining entschlossen und noch zu Hause ihrem sehnlichsten Wunsch Ausdruck verliehen: „Ich will Kira nur einmal treffen, nur einmal mit ihr reden." Ihr Wunsch wurde übererfüllt, sie erhielt die volle Dosis Kira. Sie begrüßte mich mit einem: „Du in meinem Zimmer! Das habe ich nicht zu hoffen gewagt – das ist wie vorherbestimmt." Immer wieder redete sie mir ins Gewissen: „Du musst was draus machen. Du musst das Sprachrohr für alle werden, die ein Problem haben." Okay, das lassen wir lieber, das traue ich mir nicht zu. Wo ich ohnehin nicht so laut sprechen kann, mir schnell die Luft ausgeht. 2,3 Liter Lungenvolumen wurden bei mir ein paar Monate nach dem Unfall gemessen – von ursprünglich über fünf! Sprachrohr für alle Rollstuhlfahrer wäre als Ziel ehrgeizig genug. Ich dränge mich nicht auf, aber wenn ich es sein dürfte, würde es mich freuen, weil ich mich dafür nicht zu verstellen bräuchte. Wobei es glücklicherweise ja nicht mehr darum geht, um Akzeptanz für Behinderte in der Gesellschaft zu kämpfen. Sondern Aufklärung zu betreiben und praktische Hilfestellungen zu organisieren. Wie etwa den Krisen-Interventionsstab für Härtefälle. Man ist in dieser speziellen Situation allen ausgeliefert. Den Ärzten, den Pflegern, und man ist dankbar für jede Hilfe. Aber man kann nicht entscheiden, ob dieses oder jenes Medikament zielführend ist. Dafür braucht es ein Team, das unabhängig berät, das einen aus diesem Zustand der Hilflosigkeit heraushilft. Damit man den Kopf freibekommt, um schneller gesund zu werden.

Vielleicht bedarf es wirklich des Impulses einer Betroffenen, die in der Öffentlichkeit steht, damit die Anstrengungen in der Forschung noch einmal intensiviert werden. Dr. Milan Dimitrijevic hat sich, obwohl bereits 85, mit Begeisterung meiner Sache angenommen. Wegen meiner körperlichen Voraussetzungen, meines perfektes Umfeldes, wegen meiner Einstellung. Und weil ich ihn nicht mit der Frage bombardierte, die er bei der Erstuntersuchung am öftesten zu hören bekommt: „Herr Doktor, wann kann ich wieder gehen?" In der Tat sind wir von einer vollständigen Heilung von Querschnittslähmung noch sehr, sehr weit entfernt, das muss jedem klar sein. Aber zwischen „vollständiger Heilung" und dem Status quo liegt ein weites Feld an Verbesserungsmöglichkeiten. Wir haben es mit dem Aufbau unseres Netzwerkes, mit den Schwerpunkten in meiner Therapie, mit unser Fokussierung, mit der Optimierung aller Output-relevanten Faktoren schon jetzt demonstriert, dass auch für Tetraplegiker wesentlich mehr herauszuholen ist als die maximale Selbstständigkeit im Rollstuhl.

Das zeigen auch einige interessante körperliche Errungenschaften, die sich über die letzten Monate bei mir entwickelt haben. Zum einen bin ich des Brustatmens mächtig, was wiederum bedeutet, dass ich das Zwerchfell bewusst ansteuern können muss – was im Falle eines kompletten Querschnitts gar nicht möglich wäre. Nach solchen Parametern wurde in Bad Häring nie gefragt, immer nur nach offensichtlichen Dingen: „Kannst du deinen Finger bewegen?" Es ändert in dem Moment nichts an dem Querschnitt, also interessierte es niemand. Unser Netzwerk hingegen ist begeistert, genauso wie von meiner seitlichen Rumpfstabilität. Die Rückenmuskeln hingegen sind ziemlich schwach. Aber das macht für mich den Unterschied aus: In Bad Häring arbeitet man ausschließlich mit den Muskeln, die funktionieren. Mein Physiotherapeut hingegen konzentriert sich darauf, was noch nicht funktioniert. Zum Beispiel auf meinen Trizeps. Dort sind mittlerweile ein paar Muskelfasern aktiv. Es wird nicht reichen, um über Kopf zu arbeiten, aber ich kann den Arm damit abbremsen bzw. länger in die Höhe halten, als wenn ich nur den Bizeps zur Verfügung hätte. In Bad Häring jedoch tat man das als „kontrollierte Spastik" ab. Ein Terminus, den weder Schul- noch Alternativmedizin kennt. Alles in allem gar keine schlechte Bilanz für einen „hoffnungslosen Fall", als der ich in der Reha galt, nachdem keine offensichtlichen Funktionen mehr dazugekommen waren.

Das Leben ist schön. Auch im Rollstuhl. Auch als Tetraplegikerin. Aber es ist auch voller Ärgernisse. Wie gerne würde ich mir nach einem Bummel durch die Stadt so richtig intensiv die Hände waschen. Geht eben nicht ohne Fingerfunktion. Andererseits spüre ich nicht, wenn die Hände schmutzig sind. Die Marmelade, die beim Frühstück zwischen den Fingern kleben bleibt, lässt mich kalt, solange ich sie nicht sehe. Oder: einkaufen gehen. Super, dass ich mit dem Behindertenausweis nun genau vor dem Geschäft parken darf. Weniger super: das Einkaufserlebnis im Shop. Nehmen wir einen ganz normalen Supermarkt: Alles, was sich nicht in meiner Augenhöhe befindet, fällt in die Kategorie „unerreichbar". Das Kühlregal? Bleibt für mich verschlossen, die Tür leistet zu hartnäckigen Widerstand. Ich komme aber ohnehin nicht

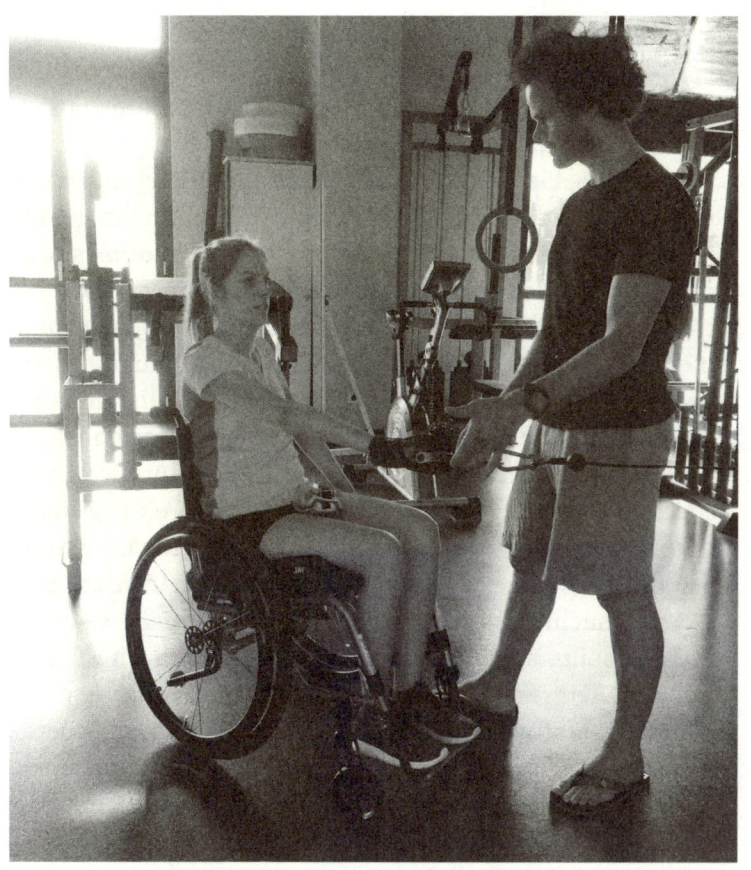

in die Nähe der Schnalle. Wie auch sonst jede Annäherung an ein Regal Probleme aufwirft. Rolle ich frontal hin, stehe ich zu weit entfernt, parke ich mich seitlich ein, habe ich nur eine Hand zur Verfügung. Benütze ich die zweite, laufe ich Gefahr, aus dem Rollstuhl zu kugeln. Mit der einen Hand schaffe ich es, ein halbes Kilo zu heben. Aber natürlich nur, wenn das Produkt eine Form aufweist, die meine Funktionshand greifen kann. Ein Päckchen Mehl, sollte es das in derart homöopathischen Dosen geben: unmöglich. Sie sehen: Wäre ich im Supermarkt auf mich allein gestellt, man müsste sich ernsthaft Sorgen um meine Ernährung machen.

Auch im Bekleidungsgeschäft steckt der Teufel im Detail. Kleiderbügel von der Stange zu nehmen schaffe ich gerade noch – sie zurückzuhängen? Aussichtslos. Kleidung anzuprobieren habe ich mir schon lange abgewöhnt. Selbst mit vereinten Kräften hat der Abstecher in die Umkleidekabine nur einen Effekt: dass danach jeder eine halbstündige Auszeit braucht. Bloß gut, dass die ideale Passform im Rollstuhl nicht mehr das Um und Auf ist. Es macht keinen Unterschied, ob ich Kleider, Röcke, Leggings in Small, Medium oder Large erstehe – ich stopfe den überschüssigen Stoff einfach nach hinten, und keiner merkt's. Bei Schuhen ist meine Lage sogar noch komfortabler: Ich muss nie mehr fieberhaft nach meiner Größe suchen. 38 brauchte ich vor dem Unfall, wenn sie gut sitzen sollten. Wenn ich nun 41er trage, kann ich wenigstens sicher sein, keine Druckstellen zu bekommen.

Über die Stoffwechselproblematik habe ich verschiedentlich berichtet. Über das Kathetern, das ich bald selbst übernehmen werde. Über die volle Blase, die es zu verhindern gilt, weil ein Rückstau in die Niere sehr unangenehme Folgen nach sich ziehen kann. Wobei ein Blasenscanner in Sekundenschnelle Aufschluss gibt, wie dringlich der Abtransport der Abwässer ist. Weniger übersichtlich stellt sich die Situation beim Stuhlgang dar. Hier kann man sich im Idealfall auf vegetative Zeichen wie Kopfschmerzen, Gänsehaut, Schwitzen, Nervenzucken oder vermehrte Spastiken verlassen. Oftmals müssen aber Jahre des Trainings und der Selbstbeobachtung investiert werden – und manche lernen es nie. In meinem Fall habe ich es geschafft, den Darm durch Leinsamen und andere Naturprodukte zu einer sehr regelmäßigen Tätigkeit zu animieren. Das Wiedererlangen einer vollständigen Selbstbestimmtheit wäre zweifellos der größte Schritt zu einer optimierten Lebensqualität. Denn sonst sind dem Leben im Rollstuhl wenig Grenzen gesetzt. Nicht mal beim Kinderkriegen. Ob durch natürliche oder künstliche Befruchtung, alles ist möglich. Eine Patientin in Bad Häring berichtete sogar von einer Spontangeburt. Sie habe für sich beschlossen, dass es nun Zeit für die Wehen sei, Ärzte und Hebammen ließen sich von der hohen Schauspielkunst überzeugen, am Ende kam der neue Erdenbewohner tatsächlich auf natürlichem Weg zur Welt. Könnte natürlich auch ein Fall für mein nächstes Buch werden. Titel: „Querschnittsmythen".

Ob Sie es glauben oder nicht, ist Ihnen überlassen. Genauso wie die Entscheidung, woran Sie glauben, alleine Ihre Sache ist. Schließlich herrscht in unseren Breiten Religionsfreiheit. Aber wie man's macht, ist's falsch, zumindest als Querschnittspatientin. Weil es offenbar nur zwei Einschätzungen gibt. Variante 1: „Warum bist du denn nicht gläubig? Ein starker Glaube würde dir so helfen!" Variante 2: „Wie kannst du nur gläubig sein, nach all dem, was Gott dir angetan hat?" Nun, meine Mutter ist Religionslehrerin, ich bekleidete als Volksschülerin das Amt einer Ministrantin, und abends im Bett kann's schon vorkommen, dass ich mit jemandem rede, weil ich hoffe, dass einer da ist. Was noch lange nicht bedeutet, dass ich jeden Sonntag in die Kirche renne. Wenn, dann zu Ostern und Allerheiligen. Und das mehr aus familiären Gründen. Der Glaube hat für mich mit Kirche nichts zu tun. Und jetzt habe ich sowieso eine Ausrede mehr – in den Gotteshäusern herrscht meist eine Eiseskälte, die ich nicht ertrage. Für meinen Glauben brauche ich keinen Pfarrer und auch keine Bibel, die mich leiten. Für mich steht Beten auf einer Stufe mit Meditieren, mit mentalem Training und erfüllt vor allem zwei Aufgaben: sich zu entspannen und wohlzufühlen. Auch wenn ich die Auffassung vertrete, dass mein Unfall vorbestimmt war, dass auch so etwas wie ein tieferer Sinn dahintersteckt – ich glaube nicht, dass jemand im Hintergrund die Fäden gezogen hat. An meinem Unfall hat niemand Schuld, am ehesten noch ich. Aber es war sicher nicht Gott, der mich in diesen Einstichkasten hineingeklopft hat.

Mehr als jeder Glaube hat mir meine sportliche Vergangenheit geholfen, den Unfall wegzustecken. Obwohl es auf andere brutal wirken mag, von meinem Vollgasleben voller Bewegung auf null heruntergebremst worden zu sein. Ich empfand die Fallhöhe als nicht so dramatisch. Die Muskulatur, die mir blieb, war immer koordiniert. Mein Körpergefühl unterscheidet sich grundlegend von Querschnittspatienten ohne Leistungssportvergangenheit. Ich merke sofort, wenn ich schief im Rollstuhl sitze, bin flexibler, einen neuen Weg zu probieren, wenn der alte nicht zum Ziel führt, ideenreicher, wenn's drum geht, meine Grenzen zu verschieben. Und womöglich furchtloser. Ich kann damit leben, wenn ich nochmals aus dem Rollstuhl fallen sollte. Was soll mir passieren? Querschnittsgelähmt bin ich schon. Ein Wirbelbruch darunter kann mir nichts anhaben, und darüber gibt's nicht mehr viel, was sich brechen ließe.

Sollten Sie da und dort über manch schwarzen Humor gestolpert sein – mir wäre es vor etwas mehr als einem Jahr genauso gegangen. Noch in Bad Häring blieb mir anfangs das Lachen des Öfteren im Halse stecken. Aber nach ein, zwei Monaten hatte ich die etwas rüden Umgangsformen verin-

nerlicht; eine Portion Selbstironie schadete keinesfalls, um die Geschehnisse zu verarbeiten. Mir dürfte das ganz gut geglückt sein, gemessen am Grad der Anerkennung, die ich über das letzte Jahr erhalten habe. Ein Vielfaches jener Anerkennung, die mir vorher als Sportlerin zuteil geworden war. Eigentlich schade, denn ich habe mich, wie viele andere Athleten in sogenannten Randsportarten, aufgeopfert, habe eine Unmenge von Energie in meine Berufung investiert und wurde selten dafür belohnt. Es mag schon stimmen, dass ich in meiner heutigen Rolle mehr Menschen inspirieren, möglicherweise mehr bewirken kann und ich womöglich Wichtigeres zu vermitteln habe. Man wird mir trotzdem zugestehen, dass mir die Anerkennung in meinem früheren Leben lieber gewesen wäre. Und selbst, wenn ich vergeblich darauf gewartet hätte – dieses „Opfer" hätte ich gerne gebracht.

Das Leben ist schön. Auch im Rollstuhl. Auch als Tetraplegikerin. Anders schön als vorher. Aber auch schön. Es gibt gute und weniger gute Tage, das trifft auf gesunde, krebskranke und querschnittsgelähmte Menschen gleichermaßen zu. Es geht darum, es sich zuzugestehen, es auch zu akzeptieren und sich von dem Wissen leiten zu lassen, dass auf schlechte Tage auch wieder gute folgen werden.

Der 30. Juli 2016 war für mich ein guter Tag. Mit Christoph Kaffee trinken, Shoppen, Mittagessen in Innsbruck, nachmittags eine Ausfahrt mit dem Handbike. Andere feiern den Jahrestag ihres Unfalls als zweiten Geburtstag, wieder andere trauern. Ich habe, wenn's hochkommt, vier-, fünfmal an den Unfall gedacht. Sieht so aus, als müsste sich das schwarze Loch noch ein Weilchen gedulden.